인공지능과 블록체인

인공지능총서

인공지능 시대입니다. 기계가 인간의 인지를 대신하고, 사물이 인간을 통하지 않고 다른 사물과 직접 커뮤니케이션합니다. 이에 따른 인간 삶과 문명 변화를 정확히 이해·예측·대응하는 것은 이 시대 우리 모두의 과제입니다. 인공지능총서는 인공지능 기술과 환경의 여러 주제를 10가지 키워드로 정리합니다. 관련 개념과 이론, 학계와 산업계의 쟁점, 우리 일상의 변화를 다룹니다. 인간과 기술의 현재, 미래를 세심히 분석합니다.

일러두기

- 인명, 작품명, 저서명, 개념어 등은 한글과 함께 괄호 안에 해당 국가의 원어를 병기했습니다.
- 외래어 표기는 현행 어문규정의 외래어표기법을 따랐습니다.

인공지능과 블록체인

이건호

대한민국, 서울, 커뮤니케이션북스, 2024

인공지능과 블록체인

지은이 이건호
펴낸이 박영률

초판 1쇄 펴낸날 2024년 12월 6일

커뮤니케이션북스(주)
출판 등록 2007년 8월 17일 제313-2007-000166호
02880 서울시 성북구 성북로 5-11
전화(02) 7474 001, 팩스(02) 736 5047
commbooks@commbooks.com
www.commbooks.com

ISBN 979-11-7301-271-0 03500

책값은 뒤표지에 표시되어 있습니다.

차례

인공지능과 블록체인 융합의 시너지

디지털 시대에는 정보의 홍수 속에서 올바른 정보를 확보해서 분석하고 예측하지 못하면 최적의 의사결정을 할 수 없다. 각기 독특한 특성과 강점을 지닌 기술인 인공지능(AI, artificial intelligence)과 블록체인(blockchain)은 이러한 시대를 헤쳐 나가는 중요한 도구로서 산업 및 사회 각 분야에서 혁신을 선도하고 있다.

블록체인은 정직하고 믿을 수 있는 기술이다. 모든 것을 투명하게 드러내고, 약속한 행동을 차질 없이 실천한다. '개인은 믿을 수 없다'는 것을 전제로 견제와 균형을 통해 규율하는 네트워크를 구축하고 집단의 힘으로 정보를 관리해 거짓이 발붙일 틈을 없앤다. 블록체인은 데이터를 언제나 누구든 검증 가능한 상태로 투명하고 안전하게 관리하고, 사전에 지정한 조건이 충족되면 예약된 작업을 스마트콘트랙트(smart contract)로 차질 없이 실행한다.

AI는 복잡하고 방대한 데이터를 분석해서 결론을 도출하거나 미래의 변화를 예측하는 데 능하지만 블록체인처럼 우직하고 믿음직스럽지 못하다. 결론의 도출 과정을 제대로 설명하지 않거나 이용자의 의도와 다른 방식으로 일을 처리하기도 한다. 심지어 천연덕스럽게 거짓말을 하는 경우도 있다.

AI와 블록체인은 전혀 다른 성격의 기술이기 때문에 단순히 이들을 결합하는 것만으로는 각자의 장점이 모두 발현되기 어렵다. 두 기술의 차이를 제대로 이해하지 못하면 개별적으로 가지고 있는 잠재력을 충분히 이끌어 낼 수 없을 뿐 아니라 결합으로 오히려 더 큰 실패를 경험할 수도 있다. 그러나 두 기술을 현명하게 융합하면 각자의 장점을 발현하면서 상대방의 단점을 보완해 엄청난 시너지 효과를 낼 수 있다.

"천 길 물속은 알아도 한 길 사람 속은 모른다"는 옛말이 있다. 컴퓨터를 이용해 인간의 사고 과정을 모방하는 기술인 AI는 인간의 능력으로 감당할 수 없는 복잡한 분석이나 예측은 물론이고 고도의 창의성이 필요한 작업까지도 손쉽게 처리한다. 그러나 능력은 뛰어나도 무슨 생각으로 일하는지 알 수 없는 직원과 같아 안심하고 일을 맡기기 어렵다.

블록체인은 천 길 물속을 투명하게 들여다보게 해 주는 기술이다. 지시하지 않은 일을 하지 않으며 예상치 못한 편법을 사용하지 않는다. 블록체인의 투명성과 신뢰성은 AI의 불확실성을 보완하고, AI의 뛰어난 사고 능력이 블록체인을 더욱 가치 있게 만들 수 있다. 이러한 융합은 다양한 분야에서 혁신을 가져와 미래의 기술 발전에 중요한 역할을 할 것이다.

AI와 블록체인

AI 개발의 목표는 인간의 지능이 필요한 작업을 컴퓨터가 수행하게 만드는 것이다. 인간의 인지 능력을 모방하거나 이를 초월하는 시스템을 만드는 AI 기술은 학습, 추론, 문제 해결, 언어 이해 등 다양한 방법론을 포함한다. AI라는 용어가 처음 사용된 1956년 다트머스 학회(Dartmouth conference)를 본격적인 연구의 출발점으로 본다. 초기 연구는 주로 규칙 기반(rule-based) 시스템의 개발과 논리적 추론에 집중되었다. 이 단계의 AI는 복잡한 문제를 해결하는 데에 한계가 있었다.

1980년대에 컴퓨터에 특정 분야의 지식을 활용 가능한 형태로 저장하고 이를 이용해 문제를 해결하는 전문가 시스템(expert system)이 등장했다. AI 연구는 새로운 국면을 맞이했지만 지식의 정리, 유지 및 보수가 쉽지 않아 이내 한계에 봉착했다. 1990년대와 2000년대 초반에 AI의 성능이 크게 향상되었다. 이 시기 AI 연구의 중심은 시스템이 데이터를 통해 스스로 학습하고 개선하는 기술인 기계 학습(machine learning)이었다. 2010년대에 인공 신경망(artificial neural network) 기반의 AI가 방대한 데이터와 강력한 연산 능력을 활용하는 딥러닝(deep learning)을 통해 본격적으로 발전했다. 이미지(image) 및 음성인식(voice recognition) 등 다양한 분야에서 뛰어난 성과를 보였다.

AI는 지속적으로 발전 중인 기술로, 최근에도 다양한 기법들이 빠른 속도로 개발되고 있다. 강화학습(reinforcement learning)은 환경과의 상호작용을 통해 최적의 행동을 학습하는 기술로서 게임, 로봇공학 등에서 활용되고 있다. 자연어 처리(natural language processing)는 인간의 언어를 이해하고 생성하는 기술로 챗봇(chatbot)이나 번역기 등에 주로 사용된다. 복수의 신경망이 경쟁하며 학습하는 구조를 통해 상승효과를 발생시키는 생성적 적대 신경망(GAN, generative adversarial network)은 이미지 생성 및 데이터 증강(data augmentation) 등에서 괄목할 만한 성과를 보여 주고 있다.

생성형(generative) AI는 딥러닝과 자연어 처리 기반의 언어 모델(language model)을 적극적으로 활용한다.

딥러닝은 대규모 데이터를 학습하고 패턴을 인식해 확장하는 데 뛰어나다. 언어 모델은 컴퓨터가 인간과 대화하고 인간이 문장을 만들어 가는 것과 유사한 방식으로 작업을 처리할 수 있게 해 준다. 이를 활용하면 인간이 컴퓨터와 상호작용을 통해 텍스트, 이미지, 음악 등 다양한 형태의 창의적 콘텐츠를 생성할 수 있다.

전통적으로 AI 연구는 방대한 데이터를 분석해서 합리적 결론을 도출하거나 미래를 예측하는 데 중점을 두었다. 생성형 AI인 챗지피티(ChatGPT)의 등장은 AI에 대한 일반인들의 인식을 크게 변화시켰다. 많은 사람들이 생성형 AI를 독창적이고 창의적인 사고를 통해 새로운 콘텐츠를 생성하고, 주도적으로 의사결정을 내릴 수 있는 지적 능력을 가진 독립적 '엔티티(entity)'로 인식하기 시작했다.

분산원장기술(DLT, distributed ledger technology)은 중앙의 서버 대신 네트워크를 구성하는 다수의 노드(node)들이 각기 독자적으로 데이터베이스를 구축해서 관리하는 기술이다. 동일한 내용의 데이터베이스를 복수의 사본으로 만들어 분산된 노드에 저장함으로써 투명성과 보안성을 높인다. 분산원장(distributed ledger)의 한 형태인 블록체인은 2008년 10월 사토시 나카모토(Satoshi

Nakamoto)가 공개한 비트코인 백서(Bitcoin white-paper)를 통해 세상에 소개되었다. 금융기관의 중개 기능에 의존하지 않는 지급 수단인 암호화폐(cryptocurrency)를 만드는 기술로 커다란 관심의 대상이 되었다.

블록체인은 시간의 흐름에 따라 생성되는 데이터를 일정한 주기로 모아 블록(block) 단위로 저장한다. 생성 순서에 따라 블록들을 체인처럼 연결하되 네트워크의 모든 노드가 합의한 데이터를 기록한 블록만을 데이터베이스에 저장한다. 일단 저장된 블록에 포함된 데이터는 개별 노드가 임의로 변경하거나 삭제할 수 없다. 네트워크의 모든 노드가 데이터베이스의 백업 시스템으로 기능해서 네트워크 전체의 무결성(integrity)과 신뢰를 확보한다.

스마트콘트랙트를 이용해 토큰(token)을 생성하고 이를 조건부 거래의 지급 수단으로 사용하는 이더리움(Ethereum) 네트워크의 출범은 비트코인 이후 블록체인 기술의 발전 과정에서 가장 중요한 혁신이다. 스마트콘트랙트는 조건부 지급 거래를 자동화된 방식으로 처리하는 컴퓨터 프로그램이다. 블록체인에 스마트콘트랙트를 등록해 두면 필요할 때마다 이용자의 요청에 따라 네트워크의 노드들이 미리 정해진 조건의 충족 여부를 확인해 거래를 실행한 후 그 결과를 데이터베이스에 기록한다.

오늘날 블록체인은 다양한 분야에서 눈부신 혁신을 이끌고 있다. 스마트콘트랙트가 블록체인을 단순한 데이터베이스나 지급 시스템을 넘어 다양한 조건부 거래를 지원하는 비즈니스 플랫폼으로 발전할 수 있게 만들었기 때문이다. 금융, 공급망 관리, 의료 및 헬스 케어 등 여러 산업에서 블록체인의 잠재력을 인식하고 이를 활용하기 위한 노력을 기울이고 있다.

AI나 블록체인은 아직 성숙하지 않은 기술이다. 이들은 아직도 발전 중이며, 엄청난 잠재력을 현실화하기 위해 해결해야 할 한계와 도전 과제가 많이 존재한다. 기술이 가진 한계를 넘어서기 위한 노력과 더불어 친화적 인터페이스와 보다 나은 이용자 경험(user experience)을 제공하는 노력도 필요하다. 커다란 잠재력에 따른 사회적 위협 요인들에 사전적으로 대비하는 윤리적 개발도 중요하며, 규제와 법적 측면의 불확실성도 극복해야 한다. 많은 국가에서 AI나 블록체인 기반의 비즈니스에 대한 명확한 규제 체계가 마련되지 않아 투자자와 기업들이 커다란 리스크를 감수할 수밖에 없어 기술 발전에 큰 장애를 겪고 있기 때문이다.

AI와 블록체인의 융합

이미 다양한 산업에서 비즈니스의 효율성과 생산성 개선을 견인하고 있는 AI와 블록체인이 융합을 통해 창출할 수 있는 시너지를 이해하려면 응용 시스템의 혁신을 살펴보아야 한다. 많은 사람이 응용 시스템을 통해서만 두 기술을 대면하기 때문에 융합이 창출하는 시너지도 응용 시스템이 제공하는 이용자 경험을 통해서만 체감할 수 있다. 그럼에도 불구하고 두 기술의 융합이 창출하는 시너지의 본질을 이해하기 위해서는 AI와 블록체인의 기술적 측면과 양자의 상호 관계를 먼저 알아야 한다.

챗지피티의 등장은 AI에 대한 세인의 관심을 폭발적으로 증가시켰다. 챗지피티는 AI가 인간과의 상호작용에서 얼마나 자연스러워질 수 있는지를 증명했을 뿐 아니라 AI가 도구의 영역을 넘어 인간과 밀접한 상호작용을 통해 인간 생활의 다양한 측면에서 혁신을 견인하는 동반자의 역할을 수행할 수 있다는 기대를 불러일으켰다.

블록체인은 이미 다양한 산업 및 공공 서비스 부문의 혁신을 이끌고 있지만 많은 사람이 본격적인 생활의 변화를 감지하지는 못하고 있다. 블록체인이 제공하는 데이터의 투명성과 보안성, 스마트콘트랙트의 실행력은 매우 강력한 장점이지만 기술의 장점을 제대로 활용한 이용 사례(use case)를 적극적으로 창출하기 위해서는 보완이 필요한 부분들이 많이 남아 있다. 확장성(scalability)이나 상호 운영성(interoperability) 같은 기술적 문제도 중요하고, 전문가가 아니면 제대로 활용하기 어려운 스마트콘트랙트 때문에 발생하는 이용자 피해 등의 문제도 해결해야 한다.

AI는 이러한 블록체인의 문제를 해결하고 수용성을 높이는 데에 크게 기여할 수 있다. 예를 들어 AI가 네트워크 트래픽을 실시간으로 분석하고 예측해서 최적의 경로를 도출하는 방식으로 블록체인의 거래 처리 속도를 향상시키면 확장성 문제를 해결하는 데 기여할 수 있다. AI가 블록체인 기반 비즈니스의 특성과 스마트콘트랙트의 취약점을 분석해서 보완함으로써 일반 이용자들이 사취(詐取) 등의 피해를 입지 않도록 도울 수도 있다. 블록체인 기반 비즈니스 프로젝트가 법적 문제를 최소화할 수 있도록 AI가 규제 환경을 분석하고 지원할 수도 있다.

AI와 블록체인의 융합은 AI가 블록체인의 기술적 한계를 극복하고 수용성을 높이는 것처럼 일방적인 관계에 그치지 않는다. 투명성과 안전성을 보장하는 블록체인은 AI의 분석 및 예측의 정확성을 향상시키고, 투명하고 윤리적인 AI의 개발 및 이용을 지원해 신뢰성을 크게 향상시킬 수 있다. 전혀 다른 성격의 기술인 AI와 블록체인은 서로의 부족한 점을 보완하는 차원을 넘어 서로의 강점을 증폭하는 효과를 낼 수 있기 때문에 융합의 효과가 단순한 더하기(+)에 머물지 않는다. 곱하기(X)의 효과를 통해 완전히 새로운 차원의 혁신을 달성할 수 있다.

각기 10의 잠재력을 가진 기술의 결합이 시너지를 통해 20이 아닌 30 혹은 40의 효과를 창출하는 경우는 쉽게 볼 수 있다. 그러나 AI와 블록체인의 융합은 10X10=100을 만드는 곱하기의 시너지를 창출할 수 있다. 블록체인으로 AI의 단점을 개선해 더 나은 수준으로 발전시키고, AI가 블록체인의 부족한 점을 보완하는 것이 가능하기 때문이다. 두 기술을 융합하면 상대의 약점을 보완하고 장점을 강화하는 플라이휠(flywheel) 효과를 통해 곱하기의 시너지를 창출함으로써 폭발적인 혁신을 이끌어낼 수 있다.

비유를 해 보자. 수레는 상자에 바퀴를 달아 사람이나 짐을 실을 수 있게 만든 것이다. 사람의 지시를 잘 따르는 영리하고 힘센 말이 수레를 끌도록 한 것은 인간의 생활에 큰 도움이 된 혁신적 발상이었다. 자동차는 말 대신 엔진이 수레를 끌게 만든 것이다. 자동차의 발명은 단순히 보다 많은 사람과 짐을 보다 빠르게 나를 수 있는 수레의 혁신에 그치지 않았다. 조향장치와 브레이크를 보완하고 운전자와 승객 및 화물을 보호하며 편의성을 확대하는 수많은 기술 개발이 뒤따랐다. 엔진이 자동차라는 운송의 혁신을 촉발시켰고, 이것이 다시 엔진의 출력 증강이나 보조 장치의 발전 등 새로운 혁신의 필요성을 촉발시킨 것이다.

'사람과 짐을 싣는 상자'와 '바퀴' 그리고 '동력'의 결합에서 시작된 교통수단의 혁신은 다양한 기술이 곱하기의 시너지를 창출하고, 그 과정에서 선박, 항공기, 우주선에 이르기까지 다양한 활용 사례를 통해 인간의 생활을 개선해 왔다. 초기에는 주로 편의성 개선에 적용되던 전자 기술이 점차 엔진을 제어하는 용도로 사용되기 시작했고, 하이브리드 및 전기 자동차의 개발이 본격화되는 등 본격적으로 엔진을 대체하는 단계에 들어섰다. 최근에는 AI가 자동차를 로봇으로 진화시킨 완전 자율주행 자동차에 대한 기대가 본격화되고 있다.

챗지피티가 기대를 크게 증폭시키면서 많은 사람들이 AI가 단순한 기술적 도구를 넘어 인간의 삶을 근본적으로 변화시킬 잠재력을 갖고 있다고 믿게 되었다. 컴퓨터가 말이라면 데이터의 투명성과 보안성을 제공하며 스마트콘트랙트를 이용해 조건부 거래를 차질 없이 실행하는 블록체인은 수레와 같다. 블록체인은 예측 가능하고 믿을 수 있지만 사용자의 능력이 뒷받침되지 않으면 그 잠재력을 충분히 활용할 수 없는 수레다. 블록체인에 저장된 방대한 데이터를 활용해 보다 정교한 분석과 예측을 가능하게 만드는 AI는 내연기관이나 이를 대체한 전기 모터에 해당한다. 상자인 수레와 동력원인 엔진은 역할이 완전히 다르지만 자율주행 기능을 갖춘 전기 자동차는 수레와 엔진으로 분리할 수 없는 유기체로, 융합된 로봇이다. AI와 블록체인은 단순히 서로를 보완하는 차원을 넘어 서로가 상대방의 혁신을 촉발시켜 두 기술의 융합 자체가 새로운 혁신의 동력으로 작용하는 미래를 만들어 낼 수 있다.

혁신과 시너지 사례

블록체인과 AI의 융합은 다양한 산업 분야에서 새로운 가능성을 열고 있으며, 앞으로도 다양한 혁신을 이끌어 냄으로써 인간의 생활을 더욱 편리하고 안전하게 만들고 지속 가능한 미래를 구현하는 중요한 도구가 될 것이다. 두 기술의 융합은 단순히 개별 기술을 적용해서 기존 시스템의 효율성을 높이는 차원을 넘어 곱하기의 시너지를 통해 혁신적이고 새로운 비즈니스 모델을 창출하고, 이것이 다시 다양한 산업에서 추가적인 혁신을 이끌어 내는 선순환을 추구한다.

오늘날 AI와 블록체인의 융합에 의한 혁신은 대부분 블록체인의 투명성과 보안성, 그리고 AI의 분석력과 예측력 같은 각자의 기술적 특성을 상호 보완적으로 결합하는 방식으로 추진된다. 융합을 통해 개별 기술만으로는 달성하기 어려운 수준의 효율성 및 생산성을 달성하는 것이 주된 목표다. 공급망 관리(supply chain management)를 예로 들면 블록체인의 투명성과 AI의 분석력을 결합해 상품 및 제품의 추적성(traceability)을 높이고 물류 환경의 변화를 보다 정확하게 예측할 수 있게 함으로써 효율성 향상을 기대한다. 블록체인에 모든 거래를 기록하고 AI가 이러한 데이터를 분석해 물류의 흐름을 최적화하면 기업의 재고 관리와 배송 시간을 개선하고 비용을 절감할 수 있다(Blockchain Council, 2024).

금융 분야에서도 두 기술의 융합은 커다란 잠재력을 갖고 있다. 블록체인은 금융 거래 데이터의 투명성과 보안성을 강화하고 스마트콘트랙트는 거래의 무결성과 최종성(finality)을 보장할 수 있다. AI가 블록체인에 보관된 데이터를 기반으로 새로운 거래의 이상 유무를 실시간으로 식별하고 금융기관 및 고객에 대한 악의적 공격 및 사취 행위를 신속하게 탐지하게 만들어 금융시스템 전체의 리스크를 효과적으로 관리할 수도 있다. AI가 블록체인에 보관된 고객의 금융거래 데이터를 분석해 고객별 투자 전략 등 맞춤형 금융 서비스를 제공하고 서비스의 제안과 계약 체결 과정 및 투자 성과 등을 블록체인에 기록한다. AI가 관리하는 스마트콘트랙트는 복잡한 금융거래를 안전하고 차질 없이 실행할 수 있게 함으로써 금융 서비스의 효율성과 신뢰성을 높일 수 있다(Addula, et al., 2024).

의료 및 헬스케어 분야에서도 AI와 블록체인의 융합은 커다란 잠재력을 갖고 있다. AI를 보다 효율적으로 활용하려면 개별 환자의 프라이버시를 유지하면서도 공통 특성과 개인별 및 소집단별 특성에 따라 나타나는 형질이나 치료 반응 등의 차이를 분석에 반영할 수 있도록 투명하게 데이터가 관리되어야 한다. 블록체인은 개인의 의료 정보를 신상 정보와 분리해 취합하고 가공하는 등의 작업을 보다 효율적으로 수행할 수 있게 해 준다. 이를 기반으로 AI가 방대한 건강 및 의료 데이터를 분석해서 보편적인 질병 대응 방안 등을 보다 효율적으로 도출하고 다양한 소집단의 특성에 따라 보다 효과적인 맞춤형 치료 방안을 제시할 수 있다(Ali, et al., 2023).

교육 분야에서도 블록체인 기반의 개인 정보 보호 및 데이터 보안의 강화가 AI를 이용한 혁신을 가속하는 원동력으로 작용할 수 있다. 예를 들어 AI가 학생의 개인적 성취도나 개별적 및 소집단적 특성과 학습 성취도 등을 반영한 맞춤형 학습 방안을 제시하려면 개인의 학습 기록 등을 활용해야 한다. 블록체인을 사용하면 프라이버시를 유지하면서 이러한 데이터를 투명하고 안전하게 저장할 수 있다. AI는 전체 데이터를 거시적으로 분석하는 한편 개인별, 소집단별로 교육 방법론 및 정책을 도출해 교육 서비스의 효율성과 효과성을 높이는 데 기여할 수 있다(Evanick, 2024).

이 외에도 다양한 분야에서 AI와 블록체인의 융합이 활발하게 추진되고 있다. 이는 지속 가능한 개발(sustainable development) 전략의 도출 및 실행에도 기여할 수 있다. 두 기술의 융합은 에너지 소비의 최적화와 재생 가능 에너지(renewable energy)의 효율적 사용을 촉진함으로써 환경 보호와 에너지 비용 절감에 기여할 수 있다. 스마트 그리드(smart grid)는 블록체인에 에너지의 생성과 소비 및 거래의 기록을 투명하고 안전하게 기록하고 AI가 이를 분석하는 지능형 에너지 관리 시스템이다. 국가별 및 지역별, 기타 다양한 환경 조건에 따른 에너지 수요 및 공급을 예측해 에너지의 생산 및 소비를 최적화함으로써 에너지 관리의 효율성을 최적화할 수 있다(IEEE, 2024).

AI의 분석 및 예측 능력과 스마트콘트랙트의 자동화 실행 능력을 결합해 자원 관리, 교통 체계, 공공 서비스 등을 보다 효율적으로 운영하는 것도 가능하다. AI가 날씨 데이터를 분석해 태양광이나 풍력 에너지의 생산량을 예측하고 스마트콘트랙트를 이용해 거래를 자동화할 수도 있다. 도시 기능의 수행에 관련된 방대한 데이터를 블록체인에 투명하고 안전하게 보관하는 스마트 시티(smart city)도 이런 방식으로 도시 관리의 생산성을 크게 높일 수 있다(Fabio, 2023).

도전과 기회

AI와 블록체인의 융합은 엄청난 혁신의 잠재력을 가지고 있지만, 동시에 여러 도전 과제를 안고 있다. 투명성과 블랙박스(black box), 규칙성과 창의성처럼 본질적으로 상충되는 두 기술의 특성을 성공적으로 융합해서 새로운 혁신을 창조하기 위해서는 개발 과정의 모든 의사결정 단계에서 기술적, 윤리적, 법률적으로 복잡한 이해관계를 반영할 수 있어야 한다. 기술적 문제의 해결은 물론이고 높은 비용과 시너지 발현을 위한 개발자 집단의 다자간 협력 체계 구축 등에 관련된 문제 등도 원활하게 해결해야 한다.

투명성을 보장하는 분산된 데이터 저장소를 제공하고 조건부 거래를 차질 없이 실행하는 블록체인의 경우 데이터 프라이버시와 스마트콘트랙트의 무결성을 확보하는 것이 무엇보다도 중요한 과제다. 블록체인에 저장된 개인의 신상 정보와 연계된 방대한 데이터를 AI가 수집하고 분석한 후 합리성과 윤리적 및 법률적 측면에서 문제가 있는 결론을 도출하고 이를 스마트콘트랙트를 이용해서 되돌릴 수 없는 상태로 실행하면 재앙에 가까운 결과가 나타날 수도 있기 때문이다.

분석 및 예측을 위한 강력한 도구인 AI가 결론 도출 과정을 명확한 논리로 설명하지 못한다는 것은 치명적인 결점이 될 수 있다. 방법론의 특성상 경험적으로 관찰된 연계성에 기초한 추론을 실제로 존재하는 인과관계나 물리, 화학적 특성보다 우선시 하는 경우도 없지 않다. 창의성을 강조하는 언어 모델 기반의 생성형 AI는 참과 거짓을 제대로 구분하지 않고, 심지어는 허위 데이터를 스스로 생성하고 이를 이용해 자신의 결론을 정당화하기도 한다(Cremer et al., 2023).

AI와 블록체인의 융합을 효과적으로 구현하려면 높은 수준의 전문 지식과 경험이 필요하다. 두 기술 모두 빠르게 발전하고 있기 때문에 뒤처지지 않도록 지속적인 학습과 연구가 필수다. 블록체인은 분산 네트워크의 특성상 하부구조(infrastructure)를 구축하고 유지하는 데 비용이 많이 들고 작업이 복잡하기 때문에 자원과 노하우를 확보하는 것이 큰 도전 과제 중 하나다. AI의 발전은 단순 소프트웨어만의 문제가 아니다. 반도체에서 시작해 컴퓨터 및 모바일 기기 등 산업 전반에 걸쳐 폭넓은 파급효과를 가져온다. 챗지피티의 등장이 전 세계 반도체 및 컴퓨터, 모바일 기기 산업의 경쟁 구도를 크게 뒤흔든 것이 좋은 예다.

이러한 과제들을 극복하기 위해서는 지속적인 연구와 개발이 필요하다. 최대한의 시너지를 창출할 수 있도록 두 기술의 장점을 극대화하고 단점을 최소화해야 한다. 양자의 융합이 단순한 보완을 넘어 새로운 혁신을 창출하는 동력이 될 수 있는 상승효과를 가져올 수 있는 방법을 찾아야 한다. 이를 위해서는 학계, 산업계, 정부 등 다양한 분야의 협력이 필수다. 블록체인과 AI의 융합이 가져올 혁신의 실현은 각 분야의 전문가들이 모여 지식을 공유하고 협력해야만 가능하다.

소프트웨어와 하드웨어의 문제만이 아니라 윤리적, 법률적 측면의 제반 고려 사항도 무시할 수 없다. AI 및 분산 네트워크의 의사결정 과정이 투명하고 공정하게 이루어질 수 있도록 공공 부문 및 비즈니스의 지배 구조를 보완해야 한다. 특히 기술 개발 과정에서 윤리적 기준을 준수하도록 관련 법규와 규제를 정비하는 것이 중요하다.

AI와 블록체인의 융합은 많은 도전 과제를 안고 있지만 이를 잘 극복한다면 엄청난 시너지를 창출할 수 있다. 지속적인 연구와 협력을 통해 이러한 도전 과제를 해결하고 두 기술의 융합이 가져올 혁신의 잠재력을 최대한 활용해야 한다. 융합으로 탄생할 새로운 비즈니스 모델과 혁신적인 솔루션들이 우리가 보다 안전하고 효율적인 미래를 만들어 나갈 수 있도록 해 줄 것이다.

참고문헌

Ali, A., et al.(2023). HealthLock: Blockchain-Based Privacy Preservation Using Homomorphic Encryption in Internet of Things Healthcare Applications. *Sensors*, 23(15), 6762. https://doi.org/10.3390/s23156762

Addula, S. R., et al.(2024). AI and Blockchain in Finance: Opportunities and Challenges for the Banking Sector.

IJARCCE, 13(2).
https://ijarcce.com/wp-content/uploads/2024/03/IJARCCE.2024.13231.pdf

Blockchain Council(2024). How blockchain and AI can work together.
https://www.blockchain-council.org/blockchain/how-blockchain-and-ai-can-work-together/

Cremer, D., et al.(2023). How Generative AI Could Disrupt Creative Work. *Harvard Business Review.*
https://hbr.org/2023/04/how-generative-ai-could-disrupt-creative-work

Evanick, J.(2024). Enhancing Student Engagement And Achievement Through AI-Powered Adaptive Learning Systems.
https://elearningindustry.com/enhancing-student-engagement-and-achievement-through-ai-powered-adaptive-learning-systems

Fabio(2023). The Role of AI in Smart Cities: Enhancing Urban Living. https://clouddevs.com/ai/smart-cities/

IEEE(2024). Smart Contracts and Energy: How Blockchain Smart Contracts Can Improve the Energy Sector. IEEE Blockchain Technical Community.
https://blockchain.ieee.org/verticals/transactive-energy/topics/smart-contracts-and-energy-how-blockchain-smart-contracts-can-improve-the-energy-sector

01
인공지능

AI는 현명하게 활용하면 인간의 삶을 크게 향상시킬 수 있지만 잘못 사용될 경우 커다란 부작용을 초래할 수도 있다. AI를 책임감 있게 사용하고 인간 중심의 발전을 추구하기 위한 부단한 노력이 필요하다.

인공지능 개요

인공지능은 컴퓨터를 이용해 인간의 지능과 문제 해결 능력을 모방하는 기술이다(IBM, 2024). 컴퓨터과학, 심리학, 뇌과학(neuroscience) 등 여러 학술 분야의 연구를 통합하면서 발전해 온 이 기술은 머신러닝, 딥러닝, 자연어 처리, 컴퓨터 비전 등 다양한 방법론을 사용한다. 방법론의 빠른 발전에 따라 컴퓨터가 대량의 데이터를 기반으로 스스로 학습하고 정교한 예측과 판단을 할 수 있게 되었다. AI는 이런 방법론들로 복잡한 연산 작업을 자동화하고 최적화함으로써 인간의 지능적 행동을 시뮬레이션(simulation)한다.

머신러닝(ML, machine learning)은 컴퓨터가 스스로 데이터를 기반으로 학습하도록 알고리즘을 훈련시킨다. 데이터 레이블링(data labling)을 통해 알고리즘을 훈련시키는 지도(supervised) 학습은 고양이와 개의 이미지를 구분하는 것과 같은 분류 모델에 유용하게 사용된다. 비지도(non-supervised) 학습은 레이블이 없는 데이터를 사용해 알고리즘 스스로 패턴을 찾도록 훈련시키는 방법이다. 데이터를 동일 특성의 하위 집단으로 분류하는 클러스터링(clustering) 알고리즘 등에 많이 사용된다. 주로 게임이나 자율주행 자동차 개발 등에 사용되는 강화

(reinforced) 학습은 환경과 상호작용을 통해 보상을 최대화하는 결과를 도출하도록 알고리즘을 훈련시킨다.

딥러닝(DL, deep learning)은 다계층의 신경망(neural network)을 사용해서 방대한 데이터에 내재된 복잡한 패턴을 모델링한다. 머신러닝의 하위 분야인 이 방법론은 이미지 및 음성 인식에 유용하다. DRL(deep reinforcement learning)은 딥러닝과 강화학습을 결합한 기법이며, 에이전트가 단순한 강화학습보다 복잡한 문제를 잘 해결할 수 있게 만든다. 인공 신경망을 이용해 자율주행 자동차가 순간적인 도로 상황에 따른 의사결정을 할 수 있게 만드는 것이 좋은 예다.

컴퓨터가 일상적 언어를 해석하고 인간처럼 문장을 생성하도록 훈련하는 자연어 처리(NLP, natural language processing)는 번역과 감정(sentiment) 분석, 고객의 질문에 응답하는 챗봇(chatbot) 등의 개발에 유용하다. 안면 인식(face recognition) 등에 유용한 컴퓨터 비전(computer vision)은 이미지 및 비디오 등에 담긴 시각 정보 데이터를 컴퓨터가 해석해 인간과 같은 방식으로 객체를 인식하고 분류하도록 학습시킨다.

로봇공학과 자율 시스템도 AI 연구의 중요 분야다. 로봇공학은 인간의 조작 없이 정해진 작업을 자율적 또는

반자율적으로 수행하는 기계인 로봇을 설계, 제작 및 운영하는 기술이다. 자율 시스템(autonomous system)은 전통적인 로봇공학을 확장해 기계가 스스로 변하는 환경에 적응하고 결정을 내릴 수 있도록 AI 기술을 통합하는 데 초점을 맞춘다.

기존 AI가 데이터의 분석과 처리에 중점을 둔 반면 생성형 AI는 새로운 콘텐츠의 생성에 초점을 맞춘다. 사전에 정의된 규칙과 명시적 프로그래밍에 구애받지 않고 방대한 데이터를 기반으로 학습한 패턴을 응용해 텍스트, 이미지, 음악, 코드 등 새로운 출력물을 생성한다. 챗지피티(ChatGPT)와 같은 생성형 AI는 복잡하고 구조화되지 않은 작업을 통해 보다 유연하고 예측할 수 없는 시나리오를 처리할 수 있기 때문에 예술 및 엔터테인먼트 같은 창의적 분야에서 활용할 수 있다. 생성형 AI의 창조 및 혁신 능력은 이전에는 상상할 수 없었던 새로운 가능성을 열어 준 AI 기술의 중요한 도약을 의미한다.

작업 능력에 따라 AI를 분류하기도 한다. 좁은(narrow) AI는 이미지 인식이나 언어 번역처럼 특정 작업만을 수행한다. 보편적(general) AI, 즉 GAI는 이론적으로 모든 유형의 지적 작업을 인간과 같은 방식으로 수행할 수 있지만 아직 실용화되지 못하고 있다. 지능과 감수성을 갖추고 창의성 및 문제 해결 등 모든 면에서 인간의 능력을 넘어서는 초지능(superintelligent) AI는 실현 가능성이 미지수이며, 현재는 개념상으로만 존재한다.

인공지능의 역사

AI의 역사는 20세기 중반부터 시작되었다. 1943년 워런 매컬러(Warren McCulloch)와 월터 피츠(Walter Pitts)가 인간 뇌의 신경망을 모방한 인공 뉴런(neuron) 모델을 제안해 연구의 기초를 마련했다(McCulloch & Pitts, 1943). 1950년 앨런 튜링(Alan Turing)은 기계가 인간과 같은 방식으로 대화할 수 있는 능력을 평가하는 방법론인 튜링 테스트(Turing Test)를 제안했다(Turing, 1950). AI의 초기 개념을 정립하는 데 튜링은 매우 크게 기여했다. AI라는 용어는 1956년 다트머스대학교에서 개최된 학회(Dartmouth conference)에서 처음 등장했다(McCarthy, et al., 2006). 이 학회를 기점으로 AI가 독립적인 학문 분야로 인정받게 되었고 본격적으로 연구의 진전이 이루어지기 시작했다.

1966년 조셉 와이젠바움(Joseph Weizenbaum)은 엘리자(ELIZA)라는 최초의 챗봇을 개발했다(Natale, 2021). AI의 본격적인 실용화 가능성을 입증한 초기 프로그램 중 하나인 엘리자는 자연어 처리 기법을 사용해 인간과 기본적인 대화를 할 수 있도록 개발되었다. 1970년대에는 초기 AI 시스템들의 한계가 드러나고 학계 및 산업계의 성과가 일반적인 기대에 크게 미치지 못했다는 평가가 대두했다. 이른바 'AI 겨울'이 찾아와 연구에 대한 자금 지원과 관심이 크게 줄어들었다(Roser, 2022).

1980년대에는 전문가 시스템(expert system)이 등장했다. 특정 도메인에서 인간의 전문 지식을 모방하는 이 방법론은 규칙 기반(rule-based) 접근 방식의 발전에 기여했다. 1990년대에는 AI가 본격적인 부활의 조짐을 보이기 시작했다. 데이터 기반의 학습 알고리즘 개발에 중점을 둔 머신러닝과 신경망에 대한 연구가 크게 발전했다. 2000년대에 들어서자 딥러닝을 본격적으로 활용하려는 시도가 활발해졌다. 2010년대 이후 자연어 처리, 자율주행, 의료 진단 등 다양한 분야에서 혁신적인 응용 프로그램을 통해 AI가 실질적 성과를 거두기 시작했다.

현재 AI는 다양한 산업과 일상에서 중요한 역할을 하고 있다. 2021년 실용화 단계의 생성형 AI 챗지피티가 등장하면서 AI가 전문가뿐 아니라 일반인들로부터도 많은 관심을 받게 되었다.

윤리적 및 사회적 영향

AI는 현대 기술 발전의 주요 동력 중 하나로 다양한 분야에서 혁신을 주도하고 있다. AI는 앞으로도 지속적으로 일상과 산업 전반에 걸쳐 새로운 가치를 창출할 기술이다. 따라서 기술적 원리를 이해하고 그 가능성을 적극적으로 탐색해서 미래 사회를 준비할 필요가 있다. 또한 AI를 책임감 있게 사용하고 인간 중심의 발전을 추구하기 위한 부단한 노력이 필요하다. 현명하게 활용하면 인류의 삶을 크게 향상시킬 수 있지만 잘못 사용될 경우 커다란 부작용을 초래할 수도 있기 때문이다. 개인의 프라이버시, 일자리 변화, 의사결정의 투명성 등에 관련된 책임 있는 접근법과 적절한 윤리적, 사회적, 법률적 기반을 확립할 필요가 있다(Mantelero, 2022).

AI 시스템이 편향된(biased) 결론을 도출하는 경우 매우 중요한 윤리적 및 사회적 문제를 야기할 수 있다. 예를 들어 머신러닝의 학습 과정에 편향된 데이터를 사용하면 알고리즘이 특정 집단이나 개인에 대해 불공정하거나 차별적인 의사결정을 유도할 수 있다. 많은 연구자들이 AI 모델을 개발할 때 편향성을 식별하고 완화하기 위해 노력하지만 AI 시스템의 공정성과 투명성을 보장하는 것은 여전히 어려운 문제로 남아 있다.

프라이버시도 매우 중요한 문제다. AI 시스템이 효과적으로 작동하기 위해서는 학습 및 실용화 과정에서 대량의 데이터가 필요하다. 수많은 개인의 신상 정보를 포함한 데이터의 수집, 저장 및 사용 단계에서 프라이버시를 보호하고 데이터의 보안을 확보할 수 있어야 공공의 신뢰를 유지할 수 있다.

AI는 새로운 일자리를 창출하고 생산성을 향상시킬 잠재력에도 불구하고 특정 부문의 노동력을 진부화(obsolescence)해 일자리 상실을 초래할 가능성을 배제하기 어렵다. 교육 및 훈련 프로그램을 통해 자동화의 부정적 영향을 완화하는 등 AI가 고용에 미치는 부정적 영향에 대비해야 한다.

AI가 인간에게 해를 끼치거나 인권을 침해하는 방식으로 사용될 가능성에 대한 윤리적, 사회적, 법률적 대비를 제대로 갖추는 것은 매우 중요한 문제다. 특히 자율무기와 같은 군사적 목적의 응용 시스템 개발에 AI를 사용하는 것은 개발자는 물론이고 그 결과물을 사용하는 사람들에게도 심각한 윤리적 딜레마를 제기할 수 있다. 이를 방지하기 위해서는 AI의 남용을 억제하기 위한 국제 협정과 같은 제도적 장치를 갖추는 것도 필요하다.

참고문헌

Mantelero, A.(2022). *Beyond Data: Human Rights, Ethical and Social Impact Assessment in AI.* T.M.C. Asser Press, Springer-Verlag. https://doi.org/10.1007/978-94-6265-531-7

McCarthy, J., et al.(2006). A Proposal for the Dartmouth Summer Research Project on Artificial Intelligence. *AI Magazine*, 27(4), 12~14. https://doi.org/10.1609/aimag.v27i4.1904

McCulloch, W. S. & Pitts, W.(1943). A logical calculus of the ideas immanent in nervous activity. *Bulletin of Mathematical Biophysics*, 5, 115~133. https://doi.org/10.1007/BF02478259

IBM(2024). What is artificial intelligence(AI)?. https://www.ibm.com/topics/artificial-intelligence

Natale, S.(2021). The ELIZA Effect: Joseph Weizenbaum and the Emergence of Chatbots. *Deceitful Media: Artificial Intelligence and Social Life after the Turing Test.* https://doi.org/10.1093/oso/9780190080365.003.0004

Roser, M.(2022). The brief history of artificial intelligence: the world has changed fast — what might be next?. https://ourworldindata.org/brief-history-of-ai

Turing, A. M.(1950). Computing machinery and intelligence. *Mind*, 59(236), 433~460 https://courses.cs.umbc.edu/471/papers/turing.pdf

02
블록체인

블록체인과 스마트콘트랙트는 암호화폐를 발행하고 거래하는 수단에 머물지 않는다. 중개자의 필요성을 제거하고 거래의 실행 비용을 절감하며 사용자 간의 신뢰를 증가시키는 혁신성은 다양한 산업에서 응용되고 있다.

블록체인 개요

네트워크 전체가 하나의 데이터베이스처럼 기능해 강력한 수준의 보안을 달성하는 분산원장기술(DLT)은 데이터의 투명성과 불변성을 보장한다. 네트워크로 연결된 복수의 컴퓨터, 즉 노드(node)가 각기 독자적으로 관리하는 데이터베이스에 동일한 데이터의 사본을 보관해서 관리한다. 각각의 노드가 다른 노드의 백업(backup) 데이터베이스 역할을 수행하며, 개별 노드가 임의로 데이터를 수정하지 못하도록 상호 대조를 통해 감시한다.

DLT를 활용한 데이터베이스의 한 형태인 블록체인(blockchain)은 정해진 작업 주기마다 데이터를 모아 블록(block)을 생성한 후 데이터베이스에 추가한다. 생성 순서에 따라 블록을 추가해 모든 블록이 순차적으로 연결된 하나의 사슬(chain) 형태인 데이터베이스가 구축된다. 합의(consensus)를 통해 모든 노드가 동일한 내용의 블록을 동일한 순서로 연결해 데이터베이스의 동일성(uniformity)을 확보한다.

2008년 사토시 나카모토가 공개한 비트코인 백서를 통해 다수의 노드가 자발적으로 참여하는 네트워크가 데이터베이스를 관리하는 블록체인의 방법론이 세상에 알려졌다(Nakamoto, 2008). 암호화폐(cryptocurrency)

인 비트코인이 2009년 1월 실제로 발행되고 이를 주고받는 사람들이 점차 늘어나자 다수의 개발자들이 유사한 방식으로 암호화폐를 발행하기 시작했다. 일반인들은 호기심, 중앙은행과 정부는 경계심 차원에서 블록체인에 큰 관심을 가지게 되었다.

암호화폐를 발행할 때 블록체인을 이용하는 것은 투명성과 보안성뿐 아니라 익명성(anonymity)과 탈중앙화(decentralization)때문이기도 하다. 공개된 네트워크에서 거래를 처리하는 비트코인은 이용자들의 신분이 노출되지 않도록 암호 기법을 이용해 실명을 사용하지 않고 거래하도록 설계되었다. 비교적 쉽게 비트코인에 대한 강한 지지층이 형성된 것은 이전부터 익명 거래가 가능한 전자 화폐의 개발에 대한 기대가 컸기 때문이었다. 네트워크 관리자가 특정되지 않는 탈중앙화는 많은 개발자들이 직접 자신이 규제 대상이 될 것을 걱정하지 않고 암호화폐 개발에 참여할 수 있게 만들었다.

비탈릭 부테린(Vitalik Buterin)은 스마트콘트랙트(smart contract)를 이용해 암호화폐의 조건부 지급(conditional payments) 거래를 자동으로 실행하는 이더리움(Ethereum) 네트워크를 개발했다. 스마트콘트랙트는 미리 정해진 조건이 충족되었음을 확인한 후 암호화폐를 지급하는 컴퓨터 프로그램이다. 블록체인에 스마트콘트랙트를 등록해 두면 임의의 이용자가 자신이 필요한 시점에 네트워크의 노드들에게 실행을 요청할 수 있다. 개별 노드가 각자 스마트콘트랙트를 실행해서 정해진 조건이 충족되었음을 독자적으로 확인한 후 모든 노드가 합의하면 블록체인에 암호화폐를 지급한 거래의 결과가 기록된다. 블록체인의 보안성이 일단 등록된 스마트콘트랙트의 훼손을 방지하고, 탈중앙화가 프로그램된 내용이 차질 없이 실행될 것을 보장한다. 블록체인의 불변성은 스마트콘트랙트가 실행한 거래의 최종성(finality)을 보장한다.

스마트콘트랙트는 누구나 컴퓨터 프로그램을 이용해 암호화폐의 지급을 유연하게 관리할 수 있게 해 준다. 비즈니스는 고객을 위한 응용 프로그램을 스마트콘트랙트와 연결해 암호화폐로 이용료 등을 지급하게 만들 수 있다. 이런 응용프로그램을 디앱(DApps, decentralized applications)이라 부른다. 디앱은 고객 인터페이스(interface)와 지급 시스템을 직접 연결해 비즈니스의 편의성과 효율성을 증진시킨다.

블록체인 활용 사례

많은 국가가 암호화폐를 지급 수단으로 사용하는 것을 금지하거나 그렇지 않은 경우에도 적법한 거래로 보호하지 않는다. 하지만 블록체인과 스마트콘트랙트의 용도는 암호화폐를 발행하고 거래하는 데에 머물지 않는다. 이 방법론의 핵심은 중개자의 필요성을 제거하고 거래의 실행 비용을 절감하며 사용자 간의 신뢰를 증가시키는 것이다. 블록체인은 다양한 산업에서 활발하게 혁신을 견인하고 있다.

스마트콘트랙트의 실용화는 이미 여러 산업 분야에서 디앱 기반의 비즈니스를 활성화했다. 탈중앙화 금융(DeFi, decentralized finance) 애플리케이션을 이용하면 금융기관을 거치지 않고 암호화폐의 교환이나 예금 및 대출, 그리고 투자에 해당하는 금융 거래를 P2P 방식으로 실행할 수 있다(이건호, 2022). 게임을 위한 응용 프로그램과 암호화폐의 거래 및 투자를 연결하는 경우나 소셜미디어 응용 프로그램이 콘텐츠 제작에 대해 암호화폐로 보상을 제공하는 형태의 디앱 등도 다수 개발되어 있다.

스마트콘트랙트는 토큰증권(security token)과 현실세계자산(RWA, real world asset) 토큰 등을 통해 다양한 전통 금융 상품 및 실물 자산을 블록체인을 이용해 거래할 수 있게 만들었다(이건호, 2023). 토큰화(tokenization)는 주식이나 채권 같은 전통적 금융 상품은 물론 부동산이나 상품 등의 실물 자산 소유권을 암호화폐와 같은 방식으로 거래하고 관리할 수 있게 해 준다. 토큰화는 자산의 거래 효율성을 높이고 유동성을 증가시키며 중개자의 필요성을 줄인다. 블록체인이 투자자에게 더 많은 기회를 제공하고 자산 관리의 투명성을 높이는 것이다.

블록체인을 이용해 공급망의 각 단계별로 데이터를 기록하고 공유하면 모든 이해관계자가 동일한 정보를 실시간으로 확인할 수 있다. 다수의 기업이 복잡하게 연결된 공급망의 경우 원재료 및 제품의 출처를 확인하고 위조품을 방지하는 등 공급망의 효율성을 크게 개선할 수 있다. 예를 들어 아이비엠(IBM)이 개발한 푸드 트러스트(Food Trust)는 농장에서 식탁까지 식품 및 가공제품의 여정을 추적해서 안전을 강화하고 낭비를 줄인다(IBM, 2024).

블록체인에 환자의 개인 데이터를 저장하고 당사자와 미리 승인된 관련자만 접근이 가능하게 관리할 수도 있다. 환자의 치료 이력을 정확하게 기록해 복수의 관련 기관이 협조할 수 있게 하면서도 공유된 데이터의 유출을 방지할 수 있다. 또 블록체인을 이용해서 의약품의 유통 과정을 추적하면 위조 약품의 유통을 방지해 의료 서비스의 질을 향상시킬 수 있다. 2018년과 2019년에 걸쳐 MIT의 연구진은 블록체인으로 의료 기록을 관리하는 메드렉(MedRec) 시스템을 개발하는 프로젝트를 추진하기도 했다(Ekblaw, et al., 2016).

한계와 도전 과제

기술을 올바르게 활용하려면 한계와 도전 과제를 이해하는 것이 중요하다. 블록체인 네트워크가 처리할 데이터가 증가함에 따라 혼잡도가 상승해 처리 속도가 느려지고 비용이 증가하는 확장성(scalability) 문제는 블록체인이 직면한 가장 큰 과제 중 하나다(Geroni, 2021). 상호 운영성(interoperability)을 확보하는 것도 중요한 과제다. 현재 대부분의 블록체인이 독립적으로 운영되어 상이한 블록체인 네트워크 간에 자산이나 데이터를 전송하기 어렵기 때문이다. 확장성 문제를 해결하기 위해 레이어(layer) 2 솔루션이나 샤딩(sharding) 등 다양한 해결책이 개발되고 있으며, 상호 운영성을 달성하기 위한 개발자들의 노력도 지속되고 있다.

프라이버시 문제도 매우 중요하다. 프라이버시를 강

조한 모네로(Monero)나 지캐시(Zcash) 같은 암호화폐는 대부분 국가에서 불법화되었다. 영지식 증명(zero knowledge proof)처럼 이용자의 신원이나 스마트콘트랙트를 이용한 거래의 세부 내용을 비공개로 처리하는 방법론이 지속적으로 개발되고 있지만 아직 만족할 만한 성과를 거두고 있다고 보기 힘들다. 꼭 암호화폐가 아니라도 공개된 네트워크가 데이터를 관리하는 블록체인이 투명성과 프라이버시의 균형을 맞추는 것은 매우 중요한 과제다.

긍정적인 사용자 경험(user experience)을 제공하는 것도 중요한 과제다. 대부분의 디앱은 인터페이스와 사용자 경험을 개선하면 더 많은 고객을 확보할 수 있다. 스마트콘트랙트를 제대로 사용하려면 상당한 수준의 기술과 지식이 필요하다. 빈번하게 발생하는 블록체인 네트워크의 해킹 및 보안 침해의 사례가 이용자들을 불안하게 만든다. 블록체인의 보안성이 전문가의 악의적 공격에 대한 절대적 면역을 보장하는 것도 아니다. 블록체인 네트워크와 디앱의 보안을 확보하기 위한 지속적 연구와 개발이 필요하다.

블록체인 기술을 구현하고 유지하는 데에는 비용이 많이 든다. 블록체인 네트워크와 애플리케이션의 개발,

유지, 보안 등에 관련된 비용은 대다수 비즈니스에 큰 부담이 된다. 더구나 각국의 관련 법규가 다르고 규제 환경이 빠르게 변하고 있어 이와 관련된 불확실성이 기술의 발전을 저해할 수 있다(Shine, 2024). 비용 효율적인 방법론을 개발하고 자금 세탁방지(AML, anti money laundering) 및 고객 알기(KYC, know your customer) 규정 준수, 스마트콘트랙트의 법적 지위와 같은 문제들을 조속히 해결해야 블록체인을 이용한 혁신을 가속화할 수 있다.

참고문헌

이건호 (2022). 『코인의 과거, 현재, 미래』. 커뮤니케이션북스.

이건호 (2023). 『토큰증권』. 커뮤니케이션북스.

Ekblaw, A., et al.(2016). A Case Study for Blockchain in Healthcare: "MedRec" prototype for electronic health records and medical research data. https://static1.squarespace.com/static/59aae5e9a803bb10bedeb03e/t/5a6fd2f7e2c48387dff12676/1517278000381/blockchain-medical-records-patient-data-medrec-eckblaw.pdf

Geroni, D.(2021). Blockchain Scalability Problem: Why is it Difficult to Scale Blockchain. https://101blockchains.com/blockchain-scalability-challenges/

IBM(2024). IBM Food Trust: Blockchain for the food industry. https://www.ibm.com/products/supply-chain-intelligence-suite/food-trust

Nakamoto, S.(2008). Bitcoin: A peer-to-peer electronic cash system. https://bitcoin.org/bitcoin.pdf

Shine, I.(2024). Cryptocurrency regulations are changing across the globe. Here's what you need to know. World Economic Forum.
https://www.weforum.org/agenda/2024/05/global-cryptocurrency-regulations-changing/

03
인공지능과 블록체인의 융합

두 기술의 융합으로 더하기가 아닌 곱하기의 효과를 얻음으로써 완전히 새로운 차원의 혁신을 달성할 수 있다. 각기 10의 잠재력을 가진 두 기술의 융합은 20, 30 혹은 40 정도가 아니라 100의 시너지를 창출할 수 있다.

융합의 시너지

AI와 블록체인은 개발 목적과 작동 원리가 전혀 다른 독립적인 기술이다. 하지만 이들의 융합은 서로를 보완하는 강력한 시너지를 창출해 효율성, 보안성, 투명성을 향상시키는 방식으로 다양한 산업 부문에서 혁신을 이끌 수 있다(Kaur, 2023).

광범한 원천에서 수시로 생성되는 방대한 데이터를 체계적으로 조직화해 블록체인에 기록하면 데이터의 투명성과 데이터베이스의 보안성을 확보할 수 있다. 블록체인을 관리하는 다수의 노드는 스마트콘트랙트에 프로그래밍된 조건부 지급이 차질 없이 자동적으로 처리될 것을 보장한다.

AI는 과거의 데이터를 기반으로 스스로 학습한 후 새로운 데이터를 분석하고 미래를 예측한다. 방대한 데이터가 뒷받침되면 미리 프로그래밍된 로직(logic)에 의존하는 것보다 정확한 분석 및 예측이 가능하다. 생성형 AI는 인간을 대신해 창의적 콘텐츠의 생성이나 의사결정까지 수행할 수 있다.

두 기술은 각자의 장점만으로도 다양한 산업 분야에서 비용을 절감하고 운영의 효율성을 높이며 법률 절차를 간소화할 수 있다. 이들을 서로의 약점을 보완하고 장점을 더욱 강화시키는 방식으로 결합하면 개별적 혁신의 잠재력이 상승 작용을 통해 증폭되는 효과를 낼 수 있다. 두 기술의 융합으로 더하기(+)가 아닌 곱하기(X)의 효과를 얻음으로써 완전히 새로운 차원의 혁신을 달성할 수 있다. 각기 10의 잠재력을 가진 두 기술의 융합은 20, 30 혹은 40 정도가 아니라 100의 시너지를 창출할 수 있다.

예를 들어 AI의 데이터 처리 및 분석 능력을 블록체인의 운영 효율성을 향상시키는 데 이용할 수 있다. AI가 실시간으로 네트워크의 상황을 분석해 거래의 흐름을 예측하고 조정해 블록체인의 합의 메커니즘을 최적화할 수 있다. 복잡한 의사결정 과정을 거쳐야 하는 조건부 거래를 AI를 이용해 스마트콘트랙트 형태로 프로그래밍하면 보다 효율적인 실행이 가능하다.

블록체인을 이용해 탈중앙화된 방식으로 AI를 관리하고 통제하는 것도 가능하다. 전통적인 AI는 데이터와 알고리즘을 단일 엔티티가 관리하는 중앙집중화 된 방식으로 운영되었다. 블록체인을 이용하면 데이터와 계산 능력을 여러 노드에 분산시켜 AI를 탈중앙화할 수 있다. 데이터와 AI의 학습 및 알고리즘 운용 단계를 분산화하면 시스템의 견고성(robustness)과 회복력을 향상시킬 수 있다(Emmons, 2024).

AI의 학습 과정에 사용되는 방대한 데이터를 블록체인을 이용해서 투명하고 훼손 불가능한 방식으로 관리할 수도 있다. AI의 학습 과정에 다양한 영역의 전문가들이 참여해 탈중앙화 방식으로 데이터를 관리하면 효율성을 개선하고 분석 및 예측의 정확성과 신뢰성을 향상시킬 수 있다. 블록체인을 이용해서 AI의 개발 과정을 민주화하면 다수의 이해 관계자가 참여해 보다 협력적이고 포괄적인 혁신이 가능하다. 또 다양한 암호 기법을 이용해 개인의 프라이버시를 보호하고 AI가 생성한 중요 데이터를 악의적 공격자의 무단 접근과 사이버 위협으로부터 안전하게 지킬 수도 있다.

융합 사례

AI와 블록체인의 융합은 이미 다양한 산업에서 오랜 과제를 해결하는 독특한 솔루션을 제공함으로써 중요한 발전을 이끌고 있다(Whitfield, 2023).

글로벌 지적재산권(IP, intellectual property) 거래 플랫폼인 아이피위(IPwe)는 블록체인의 투명성과 AI의 분석 능력을 결합해 시너지를 창출한 대표 사례 중 하나다. 아이피위는 IBM이 구축한 블록체인에 특허의 소유권과 거래 내역을 기록하며, AI 왓슨(Watson)이 방대한 특허 데이터를 신속하게 분석하고 패턴을 인식해 유의미한 비즈니스 인사이트를 도출한다. 자동화된 글로벌 특허 등록소(GPR, global property registry)는 중소기업들이 보유한 지적재산권의 가치를 더 잘 이해하고 관리 및 거래할 수 있는 시장의 역할을 수행해 전 세계적으로 특허를 보다 효율적으로 활용할 수 있게 만들어 준다(Chen, 2022).

AI를 활용하는 대다수 응용 프로그램은 결론의 도출 과정 및 논리를 명확히 설명하지 못하는 블랙박스 문제에서 자유롭지 못하다. AI의 분석 및 의사결정 과정을 블록체인에 단계별로 기록하면 이 문제를 상당 부분 해소할 수 있다. 학습 과정은 물론이고 분석 및 의사결정의 모든 과정을 블록체인에 단계별로 기록하면 이해관계자 및 전문가들이 각 단계의 적정성을 쉽게 검증할 수 있다.

금융이나 의료 및 건강관리 등 과정의 투명성이 중요한 분야에 블록체인을 이용해 AI의 블랙박스 문제를 해결하면 시스템의 신뢰성과 책임성이 크게 향상되어 활용도를 높일 수 있다. AI 기반 진단 시스템을 사용하는 경우 진단 과정에 사용된 환자의 데이터와 결론을 도출하는 과정에 적용된 논리 및 분석 알고리즘을 투명하게 관리하는 것이 중요하다. 단순히 환자의 상태 및 처방 등을 기록하는 용도가 아니라 AI가 의사결정을 위해 사용한 데이터와 처방의 도출 과정까지를 모두 블록체인에 기록하면 시스템의 신뢰성과 의료진의 책임성을 크게 향상시킬 수 있다(Shinde, et al., 2022). 실제로 구글은 2017년 AI 딥마인드(DeepMind)를 영국 국민보건서비스(NHS)에 연결해 블록체인에 기록된 환자의 개인 정보를 실시간으로 추적하는 VDA(Verifiable Data Audit)의 도입 계획을 발표했다(Suleyman & Laurie, 2017).

AI와 블록체인의 결합이 항상 기대한 효과를 창출하는 것은 아니다. AI를 이용해서 블록체인을 최적화한다는 목표로 2016년 출범한 MAN(MATRIX AI Network)은 블록체인 기반의 AI 이코노미를 구축하는 제2단계를 거쳐 AI 및 블록체인과 뇌과학을 결합하는 제3단계로 발전해 왔다. 그러나 아직까지 이 블록체인을 기반으로 한 응용 프로그램의 개발은 크게 활성화되지 못했다(Simrah, 2024).

한계 및 도전 과제

유망한 기술일수록 지속적 발전이 가져올 미래를 이해하고 도약을 가로막는 한계를 해결하기 위한 노력이 필요하다. AI와 블록체인의 융합이 인류의 삶을 더욱 윤택하게 만들기 위해서는 해결해야 할 중요 과제가 많다 (Bhumichai, et al., 2024). 특히 개별 기술의 한계가 두 기술의 융합으로 더욱 큰 장애물이 될 가능성에 선제적으로 대처할 필요가 있다.

AI와 블록체인은 모두 상당한 자원의 소모를 필요로 하는 기술이기 때문에 두 기술의 융합으로 확장성의 문제가 더 심각해질 수 있다. 처리해야 할 데이터가 늘어나고 복잡해질수록 합의 및 스마트콘트랙트의 처리 등 블록체인을 효율화하는 비용이 늘어날 수밖에 없다. 대규모 연산 능력과 데이터 저장소를 필요로 하는 딥러닝과 같은 알고리즘을 사용하는 AI의 성능을 저하시키지 않으면서 두 기술을 효율적으로 융합하는 것이 중요하다.

금융이나 의료처럼 융합의 시너지가 큰 분야일수록 프라이버시 침해 소지가 크다는 것은 매우 심각한 문제다. 민감한 개인 정보를 처리하기 위해 동형 암호화 (homomorphic encryption)와 같은 기법을 적용하면 AI가 대규모 데이터를 분석하고 예측이나 결론을 도출하는 과정의 효율성이 저하될 수 있다. 프라이버시와 효율성의 적절한 균형을 찾는 문제는 쉽게 해결하기 어렵다.

블록체인의 상호 운영성 문제는 이미 잘 알려져 있다.

데이터가 방대한 지역에 분산되어 생성되고 각기 다른 블록체인 시스템에 의해 관리되는 경우 상호 운영성 문제가 해결되지 않으면 AI 시스템이 제대로 성능을 발휘하기 어렵다. AI 시스템들의 상호 운영성도 문제가 될 수 있다. 상충되는 로직으로 작동하는 복수의 AI 시스템이 동일한 데이터베이스를 공유하는 경우 개별 시스템이 서로 상충되는 결론이나 예측을 도출할 개연성을 배제하기 어렵다.

기술적 측면만이 문제가 아니다. KYC와 AML 같은 규제가 적용되는 금융 산업의 경우 적절한 보호 장치 없이 AI의 학습 및 분석에 데이터를 사용하면 프라이버시를 크게 침해하고 편향성을 증폭시키는 결과를 가져올 수 있다. 신용분석에 활용되는 AI가 특정 지역이나 계층의 고객을 차별해 금융 소외(financial exclusion)를 심화시키는 경우 문제의 원인이 데이터에 있는지 학습 과정에 있는지를 밝히는 것도 쉬운 문제가 아니다. 기술적 문제를 해결하는 개발자들의 노력도 필요하지만 윤리적, 법률적 측면에서 두 기술의 융합에 관한 합리적인 제도적 기반을 확립하는 것이 중요하다.

참고문헌

Bhumichai, D., et al.(2024). The Convergence of Artificial Intelligence and Blockchain: The State of Play and the Road Ahead. *Information*, 2024, 15(5), 268. https://doi.org/10.3390/info15050268

Chen, S.(2022). A Profile of IPwe: Making New Waves in the Global IP and Patent Market. https://equalocean.com/analysis/2022041417312

Emmons, N.(2024). Why AI Must Be Decentralized: The most powerful technology in the world cannot be controlled by just a few organizations. Builtin. https://builtin.com/articles/decentralized-artificial-intelligence

Kaur, G.(2023). The blockchain and AI bond, explained. Cointelegraph. https://cointelegraph.com/explained/blockchain-and-ai-bond-explained

Shinde, R., et al.(2022). Securing AI-based Healthcare Systems using Blockchain Technology: A State-of-the-Art Systematic Literature Review and Future Research Directions. https://arxiv.org/pdf/2206.04793

Simrah(2024). Matrix AI Network (MAN) Price Prediction 2024, 2025 to 2030. Crypto Bulls Club. https://cryptobullsclub.com/matrix-ai-network-man-price-prediction/?utm_source=rss&utm_medium=rss&utm_campaign=matrix-ai-network-man-price-prediction

Suleyman, M. & Laurie, B.(2017). Trust, confidence and Verifiable Data Audit.

https://deepmind.google/discover/blog/trust-confidence-and-verifiable-data-audit/

Whitfield, B.(2023). Blockchain and AI: How They Integrate and 26 Examples. https://builtin.com/artificial-intelligence/blockchain-ai-examples

04
AI X 블록체인: 금융 산업

AI와 블록체인의 융합이 강력한 시너지를 창출해 금융 산업의 혁신을 가속화할 수 있다. 신생 DeFi 플랫폼들은 경쟁력 확보 수단으로 두 기술의 융합을 기존 플랫폼보다 적극적으로 추구하기도 한다.

융합의 시너지

블록체인은 암호화폐인 비트코인을 통해 세상에 소개되었다. 블록체인은 화폐의 본질과 금융 산업의 운영 원리를 근본적으로 바꿀 수 있는 잠재력을 기반으로 탈중앙화를 추구하는 새로운 금융 'DeFi'를 탄생시켰다. DeFi는 금융기관의 중개에 의존하지 않고 P2P 거래 방식으로 스마트콘트랙트를 이용하는 금융 서비스를 제공해 기존 금융 시스템의 한계를 뛰어넘는 혁신을 창출하고 있다.

AI는 금융 서비스의 프로세스를 자동화하고 의사결정을 향상시키며 고객 경험을 개선하는 혁신의 동력으로 작용한다. AI 알고리즘은 위험 평가부터 포트폴리오 관리에 이르기까지 다양한 측면에서 금융 서비스 제공자와 고객이 모두 보다 정확한 예측과 정보에 입각한 의사결정을 내릴 수 있게 해 준다. 커스터마이즈된(customized) 조언과 지원이 가능한 챗봇 등을 이용하면 보다 사용자 친화적인 금융 서비스를 제공할 수 있다. AI가 실시간으로 의심스러운 금융 거래를 식별해 보안을 강화하고 사취의 탐지 및 예방에 기여할 수도 있다.

금융 산업에서 AI와 블록체인의 융합은 서비스의 보안성, 접근성, 효율성을 향상시키는 강력한 시너지를 창출하며, 특히 DeFi의 혁신을 가속화시킬 수 있다(Basly, 2024). 예를 들어 AI가 시장 환경을 예측해 스마트콘트랙트의 매개변수를 조정하면 DeFi 프로토콜의 이용을 최적화할 수 있다. AI 알고리즘이 시장 환경의 변화에 따라 가장 수익성 높은 투자 풀에 자산을 동적으로 할당하게 만들어 일드 파밍(yield farming) 전략을 보다 효율적으로 운영할 수도 있다.

탈중앙화 거래소의 유동성 풀(liquidity pool)을 관리하는 자동시장조성자(AMM, automated market maker)를 개선하는 데에도 AI가 요긴하게 사용될 수 있다. 토큰의 교환 비율 산정 방식을 미리 정해 두는 대신 시장의 공급과 수요에 따라 AI가 실시간으로 최적의 교환 비율 산정 방식을 선택하면 보다 합리적인 가격 책정이 가능하다. DeFi 대출도 유망한 분야다. 대출 플랫폼에 AI를 연결해 소셜미디어 등 온라인상의 비금융 활동과 같은 데이터들을 분석하면 대출 신청자의 신용도를 보다 정확하게 평가할 수 있다. 전통적인 시스템 하에서 대출 기회에서 소외된 개인들에게 이 방식으로 P2P 대출을 활성화하면 블록체인 기반 금융 시스템의 효율성을 크게 개선할 수 있다.

최근 DeFi의 주요 동향 중 하나가 RWA 토큰화다.

RWA 토큰은 가상 자산 시장의 유동성을 전통 금융시장에서 거래되는 자산에 공급하고 DeFi의 편의성으로 투자자의 접근성을 제고한다. 다양한 자산을 통합된 플랫폼에서 거래함으로써 전통 금융과 DeFi의 격차를 해소하고 거래 비용을 줄이며, 유동성이 풍부한 소매 거래 시장의 투자 기회를 확대함으로써 금융 산업의 혁신을 가속화한다.

RWA 토큰은 그 가치를 뒷받침하는 기초 자산의 관리가 매우 중요하다. 블록체인 외부에 보관된 기초 자산의 상태와 시장가격의 변동 등에 따라 블록체인에서 거래되는 RWA 토큰의 가치가 크게 달라질 수 있다. AI가 기초 자산 시장의 상황을 실시간으로 분석하고 미래의 변화를 사전에 예측해서 토큰의 가치가 훼손되지 않도록 최적의 관리 수단을 마련할 수 있다.

융합 사례와 과제

투자은행 제이피모건(JPMorgan)은 일찍부터 자체 개발한 블록체인 플랫폼 코럼(Quorum)을 기반으로 금융 서비스를 혁신하려는 노력을 기울여 왔다. 안전하고 투명한 거래를 위해 코럼을 사용하고 스마트콘트랙트를 활용해 청산 및 결제, 법규 준수 등의 검사를 자동화해서 운영 비용을 절감한다. 코럼과 연결된 AI 기반의 알고리즘이 실시간 시장 데이터를 분석해서 트레이딩을 지원함으로써 효율성과 수익성을 높일 수도 있다(Li, 2024).

알리바바(Alibaba)의 자회사 안트파이낸셜(Ant Financial)은 금융 서비스를 위한 포괄적 AI 및 블록체인 솔루션을 개발했다. 안트체인(AntChain)은 공급망 금융 및 국경 간 결제 등 다양한 부문에서 안전하고 투명한 거래를 촉진하는 블록체인 플랫폼이다. 여기에 연결된 AI 기반 위험 평가 시스템은 실시간으로 거래 데이터를 분석해 고객의 신용 점수를 갱신하고 이상 거래를 감지함으로써 보안성과 신뢰성을 높인다(Musharraf, 2020).

DeFi 플랫폼들도 적극적으로 AI와의 융합을 시도하고 있다. 아베(Aave), 컴파운드(Compound) 등 유수한 DeFi 플랫폼들은 운영을 최적화하기 위해 AI를 활용하는 노력을 적극적으로 기울이고 있다. 신생 DeFi 플랫폼들은 경쟁력 확보 수단으로 두 기술의 융합을 기존 플랫폼보다 적극적으로 추구하기도 한다. 플루이드AI(FluidAI)는 AI를 이용해 트레이딩, 유동성 관리 등 DeFi 플랫폼의 기능을 개선해 시장과 고객이 보다 효율적으로 거래할 수 있게 한다(FluidAI, 2024). 솔라나(Solana) 블록체인 기반의 피더블유쓰리씨(Pw3c.finance)는 금융 서비스를 보다 효율적이고 안전하게 만들고 접근 가능성을 제고하기 위한 AI와 블록체인의 융합을 목표로 출범했다(Pw3c, 2024). 엔에프에이랩스(NFA Labs)는 2023년 인간의 두뇌를 모방한 트레이딩 알고리즘 개발에 착수했다. 시장 분석과 거래 실행을 AI 아테나(Athena) GPT가 담당해 이용자들에게 효율적이고 자동화된 금융 서비스를 제공한다 (GlobeNewswire, 2024).

이런 사례들은 AI와 블록체인의 융합이 창출할 혁신의 잠재력을 보여 준다(Lacapra, 2024). 그러나 고도의 규제를 받는 금융 산업에서 기술의 급속한 발전은 규제 불확실성이라는 커다란 도전 과제를 제기한다. AI와 블록체인의 융합 환경에서 효과적인 AML 및 KYC 조치를 구현하는 것이 날이 갈수록 중요해지고 있다. 유럽의 일반 데이터 보호 규정(GDPR, general data protection regulation)처럼 데이터 처리 및 보호에 대한 규제에도 엄격한 요구 사항이 늘고 있다. 국제화된 금융 환경에서 국가 간 차이에 따른 복잡한 규제 환경이 조성되어 금융 기관들에 큰 부담이 되고 있다.

국제결제은행의 시각

2023년 국제결제은행(BIS, Bank for International

Settlements)은 연차 경제 보고서를 통해 금융 산업에서 DLT를 적극적으로 활용할 것을 제안했다(BIS, 2023). DLT는 혁신을 지원할 뿐 아니라 기존 금융 시스템에서 소외된 사람들이 금융 서비스에 접근할 수 있게 만들어 금융 포용(financial inclusion)을 촉진할 수 있다. 특히 자산의 토큰화는 큰 잠재력을 갖고 있다. 프로그래밍이 가능한 플랫폼에서 자산을 토큰화하면 화폐 및 금융자산의 거래를 간소화하고 효율성을 향상시킬 수 있다.

BIS는 DLT가 화폐와 금융 시스템의 효율성, 보안성 및 접근성을 향상해 금융 산업의 미래를 일구어 갈 혁신의 도구라는 점을 강조한다. 금융 프로세스를 개선하고 새로운 경제 제도를 구축하기 위해 화폐, 토큰화된 예금, 토큰화된 자산을 통합원장(unified ledger)이라는 동일한 플랫폼에서 발행할 것을 주장한다. 화폐와 금융 시스템은 신뢰와 보안이 중요하기 때문에 통합원장의 구축에 중앙은행이 직접 관여해야 한다고 설명한다. 이전까지 블록체인에 대해 부정적이던 BIS가 DLT를 적극적으로 옹호하고 중앙은행들이 주도적으로 수용할 것을 주장한 것은 괄목할 만한 변화다.

BIS는 또 2024년 연차 경제 보고서에서 AI가 금융 및 경제 전반에 미치는 영향에 대해 설명했다. AI는 금융 시스템을 변화시키고 금융 안정을 유지하는 데 중요한 위험 평가 및 관리의 도구를 제공한다. 일상적 작업을 자동화하고 효율적 의사결정 프로세스를 지원해 생산성 향상에 기여하고 경제 성장을 촉진하는 혁신적 도구다.

보고서의 핵심은 중앙은행이 경제 예측, 사기 탐지, 그리고 규제 준수와 같은 분야에서 AI를 적극적으로 활용해야 한다는 것이다. 금융 산업에서의 AI 활용과 관련해 데이터의 품질 보장과 프라이버시 보호, 다양한 이해관계자 간의 협업 촉진을 포함한 효과적 데이터 거버넌스(governance)를 확립하는 것이 특히 중요하다는 점도 강조한다. 중앙은행이 규제당국의 입장에서 데이터 프라이버시와 윤리적 사용 등 AI로부터 제기되는 도전 과제들의 해결책을 주도적으로 모색해야 한다.

보고서는 또 중앙은행들과 다른 금융기관들이 AI의 활용에 관련된 지식, 모범 사례, AI 도구 등을 공유하는 실천 공동체(community of practice)를 만드는 것이 중요하다고 강조한다. 이와 같은 협력적 접근법은 AI가 제기하는 도전과 기회들에 중앙은행들이 더 잘 준비하고 대응하도록 돕는다.

참고문헌

Bank for Internatioanl Settlements.(2023). III. Blueprint for the future monetary system: improving the old, enabling the new. *Annual Economic Report 2023.* https://www.bis.org/publ/arpdf/ar2023e.pdf

Bank for Internatioanl Settlements (2024). III. Artificial intelligence and the economy: implications for central banks. *Annual Economic Report 2024.* https://www.bis.org/publ/arpdf/ar2024e3.htm

Basly, S.(2024). Artificial Intelligence and the Future of Decentralized Finance in Basly, S.(eds). *Decentralized Finance; Financial Innovation and Technology.* Springer, Chambridge. https://doi.org/10.1007/978-3-031-49515-1_10

FluidAI.(2024). Exploring the Potential of Combining DeFi with AI. https://fluidai.com/blog/exploring-the-potential-of-combining-defi-with-ai

GlobeNewswire.(2024). NFA Labs, Creator of 'Athena GPT', Announces Staggering $71k Profit Made By It's AI Neural Network In Only 8 Days. https://www.globenewswire.com/news-release/2024/03/19/2848249/0/en/NFA-Labs-Creator-of-Athena-GPT-Announces-Staggering-71k-Profit-Made-By-It-s-AI-Neural-Network-In-Only-8-Days.html

Lacapra, E.(2024). DeFi and AI: Synergies and challenges. https://cointelegraph.com/learn/defi-and-ai

Li, D. C. Y.(2024). The synergistic potential of AI and blockchain

for organizations. *AI & Soc.*
https://doi.org/10.1007/s00146-023-01838-3
Musharraf, M.(2020.) Alibaba Payments Subsidiary Launches AntChain Blockchain Solution. Cointelegraph.
https://cointelegraph.com/news/alibaba-payments-subsidiary-launches-antchain-blockchain-solution
Pw3c(2024). DeFi & AI Integration: The Future of Financial Services. medium.
https://pw3c.medium.com/defi-ai-integration-the-future-of-financial-services-1b2fdaf4dcde

05
AI × 블록체인: 의료 및 헬스 케어

데이터 공유 및 상호 운영성 개선, 개인 맞춤형 서비스, AI 기반 신약 개발과 탈중앙화된 임상실험 등은 의료 및 헬스 케어 산업의 미래를 형성할 주요 동향이다. 두 기술의 융합은 흥미로운 미래의 기회와 더불어 기술적, 윤리적 및 제도적 과제를 제시한다.

혁신 도구로서의 AI와 블록체인

의료 및 헬스 케어는 보편적 처방과 정책 뿐 아니라 집단 특성이나 개인 형질에 따라 차별화된 서비스 방법론을 제시해야 한다. 또한 민감한 개인 정보의 영역인 질병 및 건강 상태에 관한 데이터를 수많은 사람들로부터 수집해 분석하기 때문에 정보 관점에서 매우 어려운 과제를 제시한다. 프라이버시와 보안은 물론이고 투명성과 분석 및 예측 능력 등이 모두 필요하기 때문이다.

AI는 방대한 데이터를 기반으로 패턴을 식별하고 예측해 진단과 치료 및 환자 관리를 혁신하는 강력한 도구가 된다. 머신러닝 알고리즘이 전자화된 건강 기록(EHR, electronic health record), 의료 영상, 유전형질 등을 토대로 질병을 진단하고 추이를 예측해 개별 환자의 특성에 따른 치료 및 산업 전반의 대응 방안 수립을 지원할 수 있다.

AI 기반의 다양한 도구가 특히 진단의 영역에서 정확성과 속도를 향상시키고 있다. X선, MRI, CT 스캔 등의 의료 영상을 AI가 분석해 이상 징후를 감지하고 의료진의 적시 개입을 유도한다. AI가 환자의 유전자 정보를 분석해 보다 효과적인 치료 계획의 수립을 지원하거나 개인의 형질에 따른 재발 및 만성 질환으로의 이행 가능성을 예측하기도 한다. 자연어 처리 능력을 갖춘 AI가 개별 환자와 문답을 통해 건강 조언을 제공하고 약물 복용을 지원하거나 의료 질문에 답변할 수도 있다.

IBM의 왓슨포온콜로지(Watson for Oncology)는 AI를 이용해 암 치료의 방법론을 혁신하려는 시도다. 자연어 처리와 머신러닝 알고리즘을 갖춘 AI 왓슨이 방대한 양의 의학 문헌, 임상 시험, 환자 데이터를 분석해 개별 환자에 대한 치료 권장 사항을 제시한다. 이 프로젝트는 미국과 인도 등의 다수 병원에서 암 환자의 치료 효과를 개선하는 데 도움을 주고 있다(Dubovitskayaa, et al., 2020).

AI가 의료진의 의사결정을 지원하는 방법론은 의료 제공자의 부담을 줄이고 환자의 자발적 참여와 의료 정보에 대한 접근성을 높일 수 있다. 또 보다 많은 의료 및 헬스 케어 관련 데이터 축적을 촉진해 AI가 특정 질병의 발생 가능성을 예측하고 의료 서비스 제공자들의 주의를 환기하는 작업 등을 보다 원활히 수행하게 만들 수 있다. 이러한 선순환은 예방적 치료 전략을 효율적으로 수립하고 자원 할당을 최적화할 수 있게 해 준다.

블록체인은 개인 및 집단의 방대한 의료 및 헬스 케어 데이터를 안전하고 투명하게 관리해서 전통적 EHR 시스템이 데이터를 처리할 때 발생하는 다양한 문제를 해결할 수 있다. 특히 통제된 환경에서 의료 및 헬스 케어 데이터를 접근 권한을 가진 이해관계자들 간에 안전하게 공유하는 표준화된 방법론을 제공한다. 개인의 식별 정보가 포함된 데이터를 암호화된 상태로 블록체인에 기록하고 임의로 검색하거나 변경하는 것이 불가능하도록 보안과 프라이버시를 강화할 수 있다.

블록체인이 의료 및 헬스 케어 서비스 제공자들이 사용하는 다양한 시스템들의 상호 운영성을 개선할 수도 있다. 복수 서비스 제공자의 협업이 필요한 경우 블록체인을 이용해 데이터를 공유하고 개별적 처치를 조율하면(coordinate) 오류의 위험을 줄이고 치료 효과를 높일 수 있다. 모든 서비스 제공자의 치료 과정을 블록체인에 기록해 감사할 수 있게 만들고, 위・변조된 의약품의 유입을 방지해 환자의 안전을 보호하며, 의료 시스템 전체의 책임성과 신뢰를 향상시킬 수도 있다.

융합 사례

두 기술의 융합은 의료 및 헬스 케어 산업을 보다 효율적이고 안전하며 환자 중심적으로 변화시킬 수 있다. 블록체인은 데이터의 보안성과 상호 운영성을 지원해서 AI

의 효율성을 보완하고 진단, 치료 및 예측 분석을 개선할 수 있다. 블록체인의 기능을 강화시키는 데 AI를 이용하는 것도 가능하다. 건강 및 진료 기록의 프라이버시를 보장하고 서비스의 질과 운영 효율성을 개선시켜 의료 및 헬스케어의 혁신을 견인하는 사례는 비교적 쉽게 찾아볼 수 있다(Shinde, et al., 2023).

IBM의 왓슨헬스(Watson Health)와 미국 식품의약국(FDA)은 AI를 위해 건강 데이터를 안전하고 효율적으로 교환하는 방법을 연구했다. EHR, 임상 시험 데이터, 유전자 데이터, 모바일 및 웨어러블 기기에서 수집된 건강 데이터 등을 공유하는 안전하고 분산된 프레임워크를 제공하는 것을 주된 목적으로 2017부터 2년간 종양학(oncology)에 초점을 맞춘 초기 연구를 진행했다. 이 연구에서는 다양한 출처에서 수집된 데이터를 블록체인에 저장하고 AI를 이용해 효율적으로 분석, 통합, 패턴 식별 등을 관리했다(Bazzoli, 2017).

IBM은 이후에도 AI와 블록체인 융합의 시너지를 모색하는 다양한 프로젝트들을 추진했다. 케이피엠지(KPMG), 머크(Merck), 월마트(Walmart)와 함께 처방약과 백신의 유통을 추적하는 방안을 연구하는 FDA의 파일럿 프로그램에 참여했다. 이를 통해 의약품의 가시성

(visibility)을 향상시키고, 리콜(recall) 경고 시간을 획기적으로 단축시킬 수 있었다(Treshock, 2020).

버스트아이큐(BurstIQ)는 의료 및 헬스 케어의 컴플라이언스(compliance)와 보안성을 강화하기 위해 탈중앙화된 네트워크에 데이터를 저장해 공유한다. 데이터 암호화로 프라이버시를 보호하고 보안을 강화하며, 상이한 원천에서 생성되는 환자 정보의 상호 운영성을 지원해 효율성을 개선하고 오류의 위험을 줄인다.

데이터 관리플랫폼인 라이프그래프(LifeGraph)는 AI를 이용해 데이터를 조직화하고 지식 도표(knowledge graphs)화해 문제의 해결 방안을 보다 효율적으로 도출할 수 있게 해 준다. 이 방법론은 코로나19(COVID-19) 방역 등에서 백신의 접종 기록을 추적하고 유형화(profiling)해서 머신러닝 등의 응용 시스템에 공급하는 AI 기반 응용 시스템 개발에 기여했다(PRNewswire, 2021).

미래 동향과 과제

아직까지 의료 및 헬스 케어 산업의 혁신 사례들은 대부분 프로토타입(prototype) 수준에 머물러 있어 실제 환경에서의 평가가 부족하지만 AI와 블록체인의 융합이 가져올 엄청난 혁신의 잠재력을 시사한다. 특히 데이터 공유 및 상호 운영성 개선, 개인 맞춤형 서비스, AI 기반 신약 개발과 탈중앙화된 임상 시험 등은 산업의 미래를 형성할 주요 동향이다. 두 기술의 융합은 흥미로운 미래의 기회와 더불어 기술적, 윤리적 및 제도적 과제를 제시한다(Tagde, et al., 2021).

다양한 의료 시스템의 상호 운영성과 데이터 공유 개선 문제는 지속적으로 미래 혁신을 이끄는 동력이 될 것이다. AI와 블록체인의 융합이 보다 큰 효과를 얻기 위해서는 표준화된 프로토콜과 프레임워크를 개발하는 것이 중요하다. 개인 맞춤형 서비스 또한 날이 갈수록 중요성이 커질 것이다. 이러한 추세는 개인 및 사회의 복지에 직접적으로 큰 영향을 미칠 수밖에 없다. 각 단계에 참여하는 수많은 이해관계자의 책임성과 투명성에 대한 문제가 더욱 중요해질 것이다.

두 기술의 융합은 질병의 치료 및 보건 정책 등에서 보다 창의적인 문제 해결 방법론들을 개발할 수 있는 환경 조성을 가속화할 것이다. 그러나 인명에 직결되는 산업의 특성상 실제 환경에서 효용이 입증되기 이전에는 어떤 추론도 액면 그대로 받아들일 수 없다. 충분한 데이터를 안전하고 투명한 방식으로 처리한 후 최첨단의 AI를 이용해 개발한 방법론도 효과가 입증되기 이전에는 본격적으로 적용할 수 없다. 의료 현장에서 효용성을 검증하는 임상 및 실험을 효율적, 효과적 및 윤리적으로 수행하는 것이 중요하다.

그렇기 때문에 혁신 그 자체가 아닌 인명과 인권의 보호를 궁극적 목적으로 삼아야 한다. 실험 과정이나 데이터의 복잡성, 환자의 모집 및 실험적 처방의 규제 적합성 등의 문제를 해결하고 참가자와 규제당국의 신뢰를 향상시키는 절차 및 제도의 구축이 필요하다. 신기술의 활용에 관한 미래의 동향과 혁신을 이해하고 변화하는 환경에 대비하면서 보다 체계적이고 윤리적인 방식으로 혁신을 추구해야 한다. 의료 및 헬스 케어에서는 기술적 장벽 이외에 수많은 윤리적 및 법률적 측면의 과제를 해결함으로써 기술의 책임감 있고 효과적인 사용을 보장하기 위한 노력이 다른 분야에 비해 더욱 중요하다 (Kumar, et al., 2024).

참고문헌

Bazzoli, F.(2017) FDA, IBM Watson Health to study application of blockchain technology. HealthData Management. https://www.healthdatamanagement.com/articles/fda-ibm-watson-health-to-study-application-of-blockchain-technology

Dubovitskayaa, A., et al.(2020). Applications of Blockchain Technology for Data-Sharing in Oncology: Results from a Systematic Literature Review. *Oncology*, 98(6), 403~411. http://doi.org/10.1159/000504325

Kumar, S.(2024). Blockchain and AI ML Synergy in Healthcare. *International Journal of Computing and Digital Systems*. https://journal.uob.edu.bh/bitstream/handle/123456789/5731/1571035984.pdf?sequence=1

PRNewswire(2021). BurstIQ Deploys Proprietary Blockchain-Enabled Technology to Securely Track COVID-19 Vaccination Efforts. PRNewswire. https://www.prnewswire.com/news-releases/burstiq-deploys-proprietary-blockchain-enabled-technology-to-securely-track-covid-19-vaccination-efforts-301226166.html

Shinde, R., et al.(2023). Securing AI-based Healthcare Systems using Blockchain Technology: A State-of-the-Art Systematic Literature Review and Future Research Directions. Wiley Online Library. https://doi.org/10.1002/ett.4884

Tagde, P.(2021). Blockchain and artificial intelligence technology in e-Health. *Environ Sci Pollut Res Int*, 28(38), 52810~52831. https://doi.org/10.1007/s11356-021-16223-0

Treshock, M.(2020). How the FDA is piloting blockchain for the pharmaceutical supply chain. https://www.ibm.com/blog/how-the-fda-is-piloting-blockchain-for-the-pharmaceutical-supply-chain/

06
AI × 블록체인: 공급망 관리

공급망 관리에서 AI와 블록체인의 융합이 성공하려면 광범위한 시장에 산재된 이해관계자들의 포괄적 참여가 매우 중요하다. 이를 달성하는 데 필요한 핵심 과제 중 하나가 확장성이다.

혁신 도구로서의 AI와 블록체인

공급망 관리(SCM, supply chain management)는 소싱(sourcing), 생산, 유통, 재고 관리 등을 포함하는 원자재부터 최종 제품까지의 작업 및 물류를 최적화하기 위한 노력이다. 블록체인은 일찍부터 효율성, 품질, 생산성, 고객 만족도를 개선해 공급망 관리를 혁신할 중요한 방법론을 제공할 수 있을 것으로 기대받았다(Sharabati, et al., 2024).

블록체인은 공급망의 전 단계에 걸쳐 정보, 재고, 금융의 흐름에 대한 완전하고 투명하며 변조할 수 없는 거래 이력을 생성할 수 있다. 이는 제품의 추적 가능성을 향상시키며, 특히 식품 및 의약품 등 제품의 진위 및 원산지 확인이 중요한 산업에서 유용하다(Gaur & Gaiha, 2020).

블록체인은 중개자의 필요성을 제거하고 제품 배송을 더 빠르고 비용 효율적으로 만들 수 있다. 구매자, 공급자, 은행 간의 커뮤니케이션과 조정을 강화해 효율적 협업을 가능하게 만든다. 다수의 이해관계자가 공유하는 단일의 데이터 원천을 제공해서 공급망에 참여하는 파트너 간의 신뢰를 높임으로써 협업을 더욱 효과적으로 만들어 준다. 스마트콘트랙트를 이용해 프로세스를 자동화하면 전통적 공급망 관리의 고질적 문제인 지연 및 복잡한 조정 과정의 비용을 줄일 수 있다.

블록체인의 불변성(immutability)과 탈중앙화는 다른 기술로는 달성하기 어려운 안전성과 보안성을 제공한다. 다양한 이해관계자가 참여하는 공급망의 프로세스 전반에 걸쳐 데이터 정확성과 기밀 유지, 개인 정보 보호 등에 관련된 작업의 효율성, 책임성, 신뢰성을 크게 향상시킬 수 있다.

AI 또한 공급망 관리의 혁신을 지원하기 위한 여러 가지 방법론을 제공한다. 공급망의 운영 효율성을 향상시키려면 방대한 데이터를 실시간으로 처리하고 트렌드를 예측해 최적의 의사결정을 도출하는 복잡한 작업이 필요하다. AI는 공급망 관련 활동의 계획 및 생산, 물류 관리 등의 최적화를 보다 원활하게 지원할 수 있다(Champion, 2023).

AI의 분석 및 예측 능력은 공급망 관리의 효율성을 향상시키고 비용을 절감한다. AI가 변동하는 시장 상황과 재고를 모니터링하고 수요를 예측해 최적의 재고 수준을 유지하도록 도울 수 있다. 실제로 대형 소매업체인 아마존(Amazon)은 AI를 사용해 필요한 시점에 제품을 원활히 공급할 수 있도록 재고 수준을 최적화함으로써 고객 만족도와 운영 효율성을 향상시킨다.

AI가 방대한 데이터를 실시간으로 분석해서 라우팅(routing) 최적화와 배송 일정 개선 등을 지원하면 기업이 운송 비용을 절감하고 자원을 효과적으로 할당할 수 있다. 공급망에 대한 잠재적 위험을 AI가 조기에 식별해 대응할 기회를 확보하게 되면 공급망의 안전성이 강화되어 작업 및 물류의 중단이나 지연이 줄어든다.

사물인터넷(IoT)의 발전에 따라 공급망 자체가 풍부한 데이터의 생성 기반이 되었다. 공급망 전반에 배치된 수많은 IoT 장치를 통해 수집되는 데이터를 신속하게 분석해 공급망 운영의 효율성을 향상시킬 수 있는 유용한 통찰력을 얻기 위해서는 AI의 활용이 반드시 필요하다(Gaur, 2021).

융합의 시너지

AI와 블록체인의 융합은 공급망 관리의 효율성, 투명성 및 복원력을 크게 개선할 수 있다(Tsolakis, et al., 2023). 가장 중요한 것은 블록체인이 보다 정확하고 신뢰할 수 있는 데이터를 제공해 AI의 분석, 예측 능력을 향상시키는 것이다. 블랙박스인 AI가 주도하는 프로세스 자동화의 변동성, 불확실성, 복잡성 및 모호성을 블록체인이 제공하는 데이터의 보안성과 불변성이 크게 완화한다. 이는 공급망을 더욱 탄력적으로, 상황에 적응하도록 운영할 수 있게 만들어 준다.

월마트와 IBM이 공동으로 구축한 블록체인 기반의 푸드트러스트(FoodTrust)는 식품 공급망의 추적 가능성을 크게 향상시켰다(IBM, 2024). 이 시스템은 생산지의 농장에서 소비자의 식탁에 이르는 식품의 이동 및 가공 이력을 실시간으로 추적할 수 있다. 소비자도 제품 포장의 QR 코드를 스캔해 식품의 출처, 가공 및 운송에 대한 상세한 정보를 얻을 수 있다. 블록체인이 식품의 안전과 품질을 보장하는 투명성을 제공할 뿐 아니라 AI가 방대한 데이터를 분석해 식품의 안전성을 향상시키는 예방 조치를 취할 수도 있다. 식중독 등 식품 관련 위험을 줄이고 문제가 있는 식품의 회수 등을 적시에 실행할 수 있다.

물류회사 DHL은 글로벌 무역 동향을 종합적으로 분석한 GTB(Global Trade Barometer)라는 지표를 산출한다. 여러 국가의 항공 및 해상 컨테이너 화물에서 수집된 데이터를 블록체인에 기록하고 AI가 다양한 상품의 수출입 데이터를 포함한 방대한 물류 데이터를 분석한 후 이를 통계적 지표인 GTB로 압축한다. GTB는 글로벌 무역의 역학(dynamics)을 모니터링하고 예측하는 강력한 도구이며, 수많은 기업이 보다 정확한 정보에 입각한 의사결정을 할 수 있게 돕는다. 실제로 많은 기업이 글로벌 무역의 현재 상황을 이해하고 미래 동향을 예측하는 데에 이를 활용한다.

글로벌 전자상거래 플랫폼 알리바바는 알리익스프레스(AliExpress)를 비롯해 기업 간(B2B), 소비자 간(C2C) 및 기업과 소비자 간(B2C) 거래를 위해 각각 알리바바닷컴(Alibaba.com), 타오바오(Taobao), 티몰(Tmall) 등을 운영한다. 알리바바는 운영의 다양한 측면에서 투명성과 효율성을 높이기 위해 블록체인과 AI의 융합을 시도했다. 알리바바 클라우드(Alibaba Cloud)는 기업을 위한 블록체인 애플리케이션을 지원하는 서비스형 블록체인(BaaS, blockchain as a servise) 플랫폼이다. 개별 제품의 출처를 추적할 수 있게 만들어 사기를 줄이고 진위를 쉽게 확인할 수 있는 환경을 구축한다. AI 알고리즘이 플랫폼의 방대한 데이터를 분석해 수요를 예측하고 재고관리 개선에 필요한 조언을 제공한다. 알리바바는 AI를 고객 관리(CRM, customer relationship management) 도구에 통합해 상인들의 고객 대면 작업을 자동화함으로써 생산성 증가를 지원한다(Zeng, 2018).

한계 및 발전 과제

AI와 블록체인의 융합이 기술 외적 요인 때문에 실패로 끝나는 경우도 있다. IBM은 글로벌 물류 기업 머스크(Maersk)와 컨테이너 운송 프로세스를 디지털화한 블록체인 플랫폼을 개발했다. 트레이드렌즈(TradeLens)는 AI가 블록체인에 기록된 데이터를 분석하고 해석해 안전하고 효율적으로 공급망을 관리하고자 했다. 다수의 해운회사, 항만 운영자 및 세관당국 등이 큰 성과를 기대했지만 업계 전반의 많은 참여자들을 확보하지 못했다(Lyon, 2022). 결국 이 프로젝트는 2023년 1분기 말 공식적으로 중단되었다.

AI와 블록체인의 융합이 성공하려면 기술적 측면의 확장성만 중요한 것이 아니다. 광범한 시장에 산재한 공급망 참여자들의 포괄적 참여가 매우 중요하다. 다수의 기업이 참여하는 공급망은 시스템 개발을 위한 초기 투자 이외에 유지 보수 및 업그레이드 등에도 지속적 투자가 필요하다. 비용을 감당하기 어려운 중소기업들의 반대나 공급망 내부의 기술 격차가 전체의 효율성을 저해할 수도 있다. AI가 필요로 하는 엄청난 연산 능력이 확장성 문제를 더욱 악화시킬 수도 있다.

AI의 강력한 분석 및 예측 능력을 효과적으로 활용하

려면 공급망의 전체 참여자가 민감한 영업 정보를 공유할 필요가 있다. 그러나 이해관계가 일치하지 않는 다수의 참여자가 기업 비밀이 노출될 수 있는 민감한 정보를 안전하게 블록체인에 기록하는 것은 쉽지 않다. 공급망의 탈중앙화가 데이터에 대한 접근 및 사용을 제어하기 어렵게 만들어 기업 비밀의 유출이나 데이터 오용의 위험을 증가시킬 수 있다. 시스템 외부 뿐 아니라 내부적인 보안성을 확보하는 것도 중요하다.

공급망에는 다양한 기술과 시스템을 사용하는 다수의 이해관계자가 참여한다. 제조업체, 물류업체, 유통업체 등의 참여자들이 업종의 특성에 따라 각기 다른 시스템을 사용할 수도 있다. 이러한 이질적 시스템 간의 원활한 통신과 데이터 교환을 보장하는 것은 AI와 블록체인의 융합이 성공적 결과를 도출하는 데에 매우 중요하다. 상호 운영성 확보를 위해 모든 참여자가 동의할 수 있는 표준화된 프로토콜과 프레임워크를 개발해야 한다.

특히 AI와 블록체인에 대한 규제 환경은 아직 진화 중이다. 특히 다수 국가의 기업들이 상호 연결된 공급망의 경우 각국의 상이한 규제 및 명확한 지침과 표준의 미비가 개별 기업들에 불확실성을 초래할 수도 있다.

참고문헌

Champion, A.(2023). AI in Supply Chain Management: Use Cases, Impact, & More. https://flow.space/blog/ai-in-supply-chain/

Gaur, V.(2021). Bringing Blockchain, IoT, and Analytics to Supply Chains. Harvard Business Review. https://hbr.org/2021/12/bringing-blockchain-iot-and-analytics-to-supply-chains

Gaur, V. & Gaiha, A.(2020). Building a Transparent Supply Chain: Blockchain can enhance trust, efficiency, and speed. Harvard Business Review. https://hbr.org/2020/05/building-a-transparent-supply-chain

IBM(2024). IBM Sterling Supply Chain Intelligence Suite: Food Trust. https://www.ibm.com/products/supply-chain-intelligence-suite/food-trust accessed Aug. 4, 2024

Lyon, K.(2022). TradeLens' demise is not a Blockchain failure. Transport Intelligence. https://ti-insight.com/briefs/tradelens-demise-is-not-a-blockchain-failure/

Sharabati, A. A. & Jreisat, E. R.(2024). Blockchain Technology Implementation in Supply Chain Management: A Literature Review. *Sustainability*, 16(7), 2823. https://doi.org/10.3390/su16072823

Tsolakis, N., et al.(2023). Artificial intelligence and blockchain implementation in supply chains: a pathway to sustainability and data monetisation?. *Ann Oper Res*, 327, 157~210.

https://doi.org/10.1007/s10479-022-04785-2

Zeng, M.(2018). Alibaba and the Future of Business: Lessons from China's innovative digital giant. Harvard Business Review.
https://hbr.org/2018/09/alibaba-and-the-future-of-business

07
AI X 블록체인: 거버넌스

거버넌스의 핵심은 양질의 정보를 적시에, 올바르게 의사결정에 반영하는 것이다. AI와 블록체인의 융합이 창출하는 시너지는 공공 및 민간의 거버넌스 시스템 혁신을 더욱 가속화시킨다.

융합의 시너지

블록체인은 보다 능률적이고 효과적인 의사결정 프로세스를 지원하고 책임성과 신뢰성을 높여 공공 및 민간의 거버넌스 시스템을 혁신할 수 있다(Uzomba, 2024). 의사결정 과정에 사용된 모든 정보와 이해관계자들의 상호작용을 블록체인에 저장하면 안전하고 투명하며 삭제될 수 없는 불변의 기록이 확보된다. 다수의 이해관계자가 참여하는 의사결정 과정에 블록체인을 이용하면 상호 신뢰를 확립하기 어려운 환경에서도 모두가 신뢰할 수 있는 서비스 시스템을 구축할 수 있다.

블록체인의 이점은 의사결정 과정과 업무 처리 프로세스를 효율화함으로써 비용과 시간을 절약하는 데에 그치지 않는다. 강력한 조정자가 관리하는 중앙 집중식 서비스를 통해서만 달성할 수 있었던 목표를 분산형 시스템(distributed system)을 통해 달성할 수 있게 해 준다. 스마트콘트랙트를 이용하면 행정 처리를 위한 중개자의 필요성을 줄이고 의사결정의 내용을 집행하는 과정에서 규칙과 규정이 준수되도록 보장할 수 있다. 집행 과정의 자동화는 부패나 인간적 오류로 인한 실패 가능성을 최소화할 뿐 아니라 의사결정에 참여하는 이해관계자들에게 더 높은 수준의 책임을 부여한다(Bensalah

& Abdelmoula, 2023).

AI도 공공 및 민간의 거버넌스 시스템 혁신에 크게 기여할 수 있다. 보다 많은 정보를 바탕으로 의사결정을 할 수 있게 되면 더 효율적이고 효과적인 거버넌스가 확립될 수 있다. AI가 일상적 작업을 자동화하면 의사결정자가 보다 효율적으로 전략적 문제에 집중할 수 있다. AI가 방대한 데이터를 분석해서 의사결정 과정에 유용한 패턴, 추세, 통찰력을 다수의 이해관계자들에게 제공할 수도 있다.

AI는 데이터를 미리 정해진 논리에 구애받지 않고 창의적으로 해석해 미래의 추세와 행위의 결과를 예측할 수 있다. 사전적 의사결정 및 위험 관리 개선으로 거버넌스의 유효성과 효율성을 향상시킬 수 있다. 서비스 비즈니스에서 거버넌스의 유효성을 크게 개선하는 데에 기여할 수도 있다. 전략적 의사결정을 AI가 개별 사용자의 요구에 맞게 변형해 서비스의 품질과 소비자 만족도를 향상시킬 수 있다.

AI와 블록체인의 융합은 공공 및 민간의 거버넌스 시스템 혁신을 가속화한다. 거버넌스의 핵심은 양질의 정보를 적시에, 올바르게 의사결정에 반영하는 것이기 때문에 두 기술의 융합은 커다란 시너지를 창출해서 신뢰할 수 있는 의사결정을 가능하게 만든다. 블록체인은 양질의 정보를 생산하고 관리할 수 있게 해주며 AI는 데이터 기반 의사결정의 효율성과 효과성을 크게 제고시킨다.

블록체인은 집단의 의사결정 과정을 기록해 명확한 감사 흔적(audit trail)을 제공함으로써 거버넌스의 작동 과정을 추적하고 논리적으로 설명할 수 있게 만든다. 양질의 데이터를 확보하려면 데이터의 입력 단계에서 거짓과 왜곡을 걸러내고 보관 단계에서 내·외부의 공격 등에 따른 훼손을 방지해야 한다. 실시간으로 입력 데이터의 진위 판별과 내·외부 위협 탐지가 가능한 AI를 블록체인과 융합하면 양질의 정보를 확보하고 강력한 보안 프레임워크를 구축할 수 있다.

AI와 블록체인의 융합은 의사결정 과정과 결과의 집행 과정을 보다 투명하고 엄정하게 관리해 변질 및 오류를 효과적으로 방지하게 돕는다. 학습 데이터나 모델 업그레이드 등 AI의 결론 도출에 영향을 미치는 주요 정보를 블록체인에 기록해 두면 AI의 책임성과 투명성에 대한 우려를 크게 완화할 수 있다. AI가 최적의 실행 경로를 도출하고 스마트콘트랙트가 상황의 전개에 따른 집행 과정을 차질 없이 관리할 수 있다. 이러한 접근법은 의사결정 및 집행 과정 전체에 걸친 거버넌스 프로세스를 보다 효율적으로 만든다.

거버넌스 혁신 사례

에스토니아(Estonia)는 정부가 AI와 블록체인을 융합한 거버넌스 혁신을 주도한다(Martinson, 2019). 데이터 교환 레이어(data exchange layer)인 엑스로드(X-Road)와 블록체인을 이용한 디지털 아이덴티티(digital identity) 시스템을 결합했고, AI가 이 시스템이 관리하는 데이터를 분석해 의사결정을 위한 통찰을 제공한다. 블록체인 기반의 디지털 거버넌스는 사이버 보안 인프라를 강화하고 AI를 활용해 실시간으로 위협을 탐지 및 대응함으로써 디지털 서비스의 원활한 제공을 지원한다.

AI가 내국인의 세금 신고 및 투표와 같은 공공 서비스 자동화를 지원하면, 블록체인은 이러한 프로세스의 투명성과 불변성을 보장해 신뢰와 효율을 높인다. e-레지던스(e-residence) 프로그램은 외국인도 회사 설립이나 은행 업무 등에 필요한 에스토니아의 공공서비스에 접근할 수 있게 해 준다. 블록체인이 신원과 거래를 보호하며 AI가 행정 업무의 자동화와 서비스 제공을 강화한다.

블록체인과 AI를 활용해 보다 효과적으로 인도주의적 지원(humanitarian aid)을 제공하는 에이드:테크

(AID:Tech)는 난민들에게 디지털 아이덴티티를 제공하고 목표 수혜자에게 실제로 지원이 도달하도록 분배 경로를 추적한다(AID:Tech, 2021). 블록체인이 투명성을 보장하고 사기를 방지하며, AI가 데이터를 분석해서 지원 필요 지역을 식별하고 분배의 효율을 높이는 접근 방식을 레바논과 세르비아 등 여러 국가에서 구현했다.

에이드:테크는 알고랜드(Algorand) 재단과 협력해 디지털 아이덴티티 프로토콜과 지갑(wallet)인 디아이디:알고(Did:Algo)를 개발했다. 이 프로젝트는 알고랜드의 블록체인을 활용해 훼손 불가능한 디지털 아이덴티티를 만들어 내고 AI 알고리즘이 이용자의 신원을 확인 및 관리한다. 디지털 아이덴티티와 결제 솔루션을 통합한 지갑은 송금, 소액 금융, 보험 등의 금융 서비스를 지원하고 원활한 거래를 가능하게 만들어 금융 포용을 촉진한다.

여성월드뱅킹(Women's World Banking)은 필리핀에서 에이드:테크와 제휴해 저소득 여성의 금융 서비스 접근성을 개선하고 마이크로 비즈니스(micro buisness)를 강화하는 프로젝트를 진행했다. 이 프로젝트는 AI와 블록체인의 융합이 실제 거버넌스와 금융 포용 문제를 해결하는 혁신적 솔루션을 개발할 수 있음을 실증했다.

투표 시스템 혁신과 AI 거버넌스

블록체인은 거버넌스의 핵심 활동 중 하나인 투표(voting) 과정을 혁신할 수 있다(Berenjestanaki, et al., 2024). 개별 투표를 변경하거나 삭제할 수 없는 방식으로 블록체인에 기록해 중복을 방지하고 고유성을 보장해 투표자 사취(voter fraud)를 방지할 수 있다. 유권자의 익명성을 유지하면서 모든 선거 과정의 데이터를 공개적으로 확인 가능한 형태로 기록해 결과를 즉시 확인할 수 있어 투표 실시 및 관리 비용을 줄일 수 있다. 또 투표 과정을 간소화해 투표율을 향상시킬 수 있으며, 유권자들이 어디서든 투표할 수 있어 원격지에 있거나 장애가 있는 유권자들에게 유용하다.

AI와의 융합은 블록체인 기반 투표 시스템의 효율성을 크게 개선할 수 있다. 블록체인에 기록된 정보를 기반으로 안면 또는 생체 인식 기술을 사용해 AI가 유권자의 신원을 확인할 수 있다. AI가 투표의 패턴을 분석해 이상 징후나 의심스러운 활동을 탐지하면 블록체인 기반 투표 프로세스의 보안성과 무결성을 더욱 강화할 수 있다. 축적된 과거의 데이터를 기반으로 투표의 동향을 예측하고 실시간으로 위협을 감지해 대응하는 방식으로 보안을 강화할 수도 있다. 청각 또는 시각적으로 장애가 있는 사람들이 AI의 도움을 받아 더 쉽게 투표할 수도 있고, AI가 개표 과정을 보다 빠르고 정확하게 자동화할 수도 있다.

AI의 거버넌스, 즉 AI를 보다 투명하고 책임감 있게 만드는 데에 블록체인을 사용할 수도 있다. 다수의 개발자가 AI의 거버넌스에 블록체인 기술을 활용하는 방안을 모색하고 있다. AI의 몰가치성(Wertfreiheit)과 불투명성 등을 블록체인의 투명성과 보안성을 활용해 해결하는 것이 주된 목표다. 이러한 노력을 통해 보다 신뢰할 수 있는 AI 시스템을 구축하는 것은 사회 전체의 이익을 도모할 수 있다(Isige, 2023). AI의 윤리적 개발, 대중의 신뢰 제고, 잠재적 위험에 대한 회의와 우려 해소에 블록체인은 매우 효과적인 수단이다.

참고문헌

AID:Tech(2021). Algorand Foundation Awards Large Scale Grant to AID:Tech - To Develop Digital ID Protocol & Wallet. https://www.aid.technology/blog-posts/algorand-foundation-awards-large-scale-grant-to-aid-tech-to-develop-digital-id-protocol-wallet

Bensalah, I & Abdelmoula, A. K.(2023). Using Blockchain to Improve Corporate Governance. In Daimi, K., Dionysiou, I.

& Madhoun, N.(eds). *Principles and Practice of Blockchains.* Springer, Chambridge
https://doi.org/10.1007/978-3-031-10507-4_15

Berenjestanaki, M. H., et al.(2024). *Blockchain-Based E-Voting Systems: A Technology Review. Electronics,* 13(1), 17.
https://doi.org/10.3390/electronics13010017

Isige, J.(2023). How Blockchain-Based AI Governance Could Make AI Safer For All. techopedia.
https://www.techopedia.com/how-blockchain-based-ai-governance-could-make-ai-safer-for-all

Martinson, P.(2019). Estonia – the Digital Republic Secured by Blockchain. PwC.
https://www.pwc.com/gx/en/services/legal/tech/assets/estonia-the-digital-republic-secured-by-blockchain.pdf

Rong, H. & Peng, E. L.(2023). Connected Digital Society: Paving Ways for Country-Scale Digital Interoperability in Estonia. Belfer Center.
https://www.belfercenter.org/publication/connected-digital-society-paving-ways-country-scale-digital-interoperability-estonia

Uzomba, H.(2024). The Role of Blockchain in E-Governance: A Catalyst for Transparency and Accountability. TechBullion.
https://techbullion.com/the-role-of-blockchain-in-e-governance-a-catalyst-for-transparency-and-accountability/

08
AI × 블록체인: 사이버 보안

개인 및 비즈니스 조직은 AI의 고급 데이터 분석 및 위협 탐지 능력을 블록체인의 안전하고 투명한 데이터 관리와 결합해 보다 견고하고 탄력적인 사이버 보안 프레임워크를 구축할 수 있다.

AI와 사이버 보안

IT 시스템과 네트워크를 무단 접근, 공격, 손상으로부터 안전하게 보호하는 사이버 보안은 개인, 기업 및 정부 모두에게 중요한 관심사다. 사이버 보안 환경은 끊임없이 변화하고 있으며, 디지털 정보의 안전성과 무결성을 보장하기 위해 수많은 과제를 해결해야 한다.

방화벽이나 안티바이러스(antivirus) 소프트웨어와 같은 전통적 보안 조치만으로는 위협을 충분히 방어할 수 없게 되었다. 무엇보다 사이버 공격이 날이 갈수록 정교해지고 있다. 기만적 이메일로 이용자를 속이고 민감한 정보를 공개하도록 유도하는 피싱(phishing) 공격이 점점 더 정교해지고 감지하기 어려워지고 있다. 해커와 사이버 범죄자들은 보안 시스템을 침해하기 위한 기술과 도구를 지속적으로 개발하고 있다.

보호해야 할 데이터의 양이 빠르게 증가하고 있는 것도 문제다. 인터넷에 연결된 IoT 장치의 확산과 빅데이터(big data) 기술의 발전에 따라 방대한 데이터가 생성 및 저장되면서 사이버 범죄자들의 표적이 되고 있다. 여러 위치에서 데이터를 입력하고 액세스하는 클라우드(cloud) 서비스의 사용 증가에 따라 더욱 강력한 보안 조치와 지속적 감시가 필요하게 되었다.

인적 요소도 사이버 보안에서 빼놓을 수 없는 중요한 문제다. 직원 및 이용자가 보안성이 약한 비밀번호를 사용하거나 피싱 피해 및 소프트웨어 업데이트 실패 등으로 의도치 않게 보안을 위협할 수 있다. 규제 환경이 지속적으로 변하고 있다는 것도 상황을 어렵게 만든다. 정부 및 규제당국이 수시로 새로운 법률 및 표준을 시행하고 있어 개인 및 비즈니스 조직들이 복잡한 규제 요건을 준수하는 것이 쉽지 않다. 사이버 보안의 인식과 모범 사례 등의 교육 프로그램을 직원 및 이용자에게 제공하는 것은 자원이 많이 소모된다.

최신 기법으로 무장한 공격자들은 사전에 정의된 규칙과 서명에 의존하는 전통적인 위협 탐지 시스템을 무력화시킬 수 있다. AI를 이용하면 잠재적 위협을 식별, 분석 및 완화하는 능력을 향상시켜 보안 시스템에 대한 내·외부 공격을 방어하는 능력을 향상시킬 수 있다(Kumar, et al., 2023). 머신러닝 등의 방법론을 이용하면 사이버 위협의 패턴 및 이상 징후를 신속하게 식별할 수 있어 전통적 방법론의 한계를 극복할 수 있다.

사이버 위협이 끊임없이 진화하는 환경에서는 잠재적 위협을 예측하는 사전 대응 능력이 매우 중요하다(Ramos & Ellul, 2024). AI는 과거 데이터에 내재된 트렌

드를 식별하고 미래의 공격 벡터(attack vector)를 예측해 효과적인 방어 전략을 마련할 수 있다. 다양한 원천에서 생성되는 데이터를 신속하게 분석해 공격의 성격과 범위를 파악하면 사후 대응의 효율이 크게 향상된다. AI가 초기 대응 조치를 자동화해 위협 감지와 동시에 시스템을 격리하고 악성 IP 주소를 차단하면 공격의 영향을 최소화할 수 있다.

블록체인과 사이버 보안

블록체인은 애당초 강력한 사이버 보안의 도구로 개발되었다. 많은 사람들이 비트코인을 지급 시스템으로 수용할 수 있었던 것도 거래 기록을 안전하게 관리해서 어떤 경우에도 소유권에 대한 다툼이 발생하지 않게 만드는 보안성 때문이었다.

암호화 원칙과 분산 아키텍처를 활용하는 블록체인은 데이터를 보호하는 견고한 프레임워크를 제공한다. 해시(hash)를 이용해서 모든 데이터 블록을 암호화된 체인 형태로 연결함으로써 데이터의 변경 및 삭제가 불가능하게 만들었다.

분산화는 블록체인이 보안성을 확보하는 강력한 무기다. 중앙화된 전통적 데이터베이스는 단일실패점(single

point of failure)이 공격을 받으면 전체 시스템의 데이터가 훼손될 수 있다. 블록체인은 다수의 노드가 각자 데이터베이스의 사본을 보관하고, 합의 메커니즘을 통해 모든 데이터가 정확하게 동기화되어 유지됨을 확인한다. 일부 노드가 외부의 공격을 받아도 다른 노드들이 전체 네트워크의 데이터를 훼손되지 않은 상태로 보호한다.

분산된 데이터베이스에 데이터를 저장하는 블록체인은 합의 메커니즘에 따른 동기화를 통해 투명성과 보안성을 확보한다. 암호 기법은 데이터의 기밀성(confidentiality)과 무결성을 보장하는 중요한 도구다. 상당수 블록체인 프로토콜(protocol)은 암호 기법을 이용해 개별 노드에 보관된 데이터를 무자격자의 무단 접근으로부터 보호한다.

블록체인은 강력한 사이버 보안의 도구지만 효율과 효과를 모두 갖춘 합의 메커니즘의 구축은 쉽지 않은 과제다(Wylde, et al., 2022). 탈중앙화를 통해 보안을 강화하면 데이터 처리의 효율성이 저하될 수 있다. 보안을 위해 탈중앙화를 달성하고 효율적으로 데이터를 처리하는 완벽한 합의 메커니즘은 아직까지 개발되지 못했다. 이 문제를 해결하려는 노력은 블록체인 생태계의 경쟁과 발전을 견인하는 혁신의 중요한 동력이다.

융합의 시너지

사이버 위협이 지속적으로 진화하고 있는 환경에서 디지털 시스템의 보안과 무결성을 유지하는 것이 더욱 중요해지고 있다. AI와 블록체인의 융합은 사이버 보안을 강화하고 디지털 자산을 보호하는 데에 매우 유용한 포괄적 접근 방식을 제공할 수 있다(Yassine, et al., 2021). 개인 및 비즈니스 조직은 AI의 고급 데이터 분석 및 위협 탐지 능력을 블록체인의 안전하고 투명한 데이터 관리와 결합함으로써 보다 견고하고 탄력적인 사이버 보안 프레임워크를 구축할 수 있다.

블록체인은 투명하고 안전하게 데이터를 관리하지만 합의 메커니즘은 데이터의 생성 단계에서 발생한 오류를 효과적으로 걸러내지 못할 수 있다. 데이터의 생성 단계에서 발생하는 사이버 보안의 위협은 블록체인이 제공하는 강력한 보안성의 효용을 크게 훼손할 수 있다. 비트코인은 자산의 생성과 생성된 자산의 이전 과정을 모두 네트워크의 합의 메커니즘이 관리하기 때문에 큰 문제가 발생하지 않는다. 그러나 RWA 토큰의 경우 네트워크 외부에서 생성된 자산을 제3자가 보관하고 소유권만을 블록체인에 등록해서 관리한다. 이 경우 이미 블록체인에 기록되어 있는 데이터의 연장선상의 거래가 아니라 새로 생성된 자산의 데이터가 입력될 때 합의 메커니즘이 데이터의 진위를 판단할 수 없는 경우가 많다.

특정 병원에서 새로운 환자에게 취한 처치의 내용을 블록체인 기반의 공유 의료 데이터베이스에 기록하는 경우도 마찬가지다. 데이터의 입력 단계에서 내용의 진위를 판별할 수 있는 것은 해당 병원의 의료진뿐이다. 새로운 환자에 대한 기록은 블록체인에 이미 기록되어 있는 데이터가 아니기 때문에 합의 메커니즘에 참여하는 다른 노드들은 이를 확인할 수단이 없다. 실수로 잘못된 데이터가 입력되거나 악의적으로 허위 데이터를 입력하더라도 이를 효과적으로 걸러내는 것은 사실상 불가능하다. 블록체인은 오류가 있는 기록이 입력되어도 이를 진실처럼 강력하게 보호할 뿐이다.

방대한 양의 데이터를 분석해서 패턴과 이상 현상을 식별하는 데 능한 AI를 이용하면 이러한 문제를 효율적, 효과적으로 해결할 수 있다. AI가 해당 병원 및 환자 뿐 아니라 관련 질병 등의 방대한 기록을 바탕으로 잘못된 처치 기록이 입력되는 것을 실시간으로 감지할 수 있다. 오류가 있는 데이터가 입력되면 합의 메커니즘 작동 이전 단계에서 AI가 경보를 발령해서 의료진이 진위 여부를 확인한 후 다음 단계의 처리를 진행하는 것이 가능하다.

AI는 또 스마트콘트랙트의 자동화된 실행 능력이 기대하지 못한 결과를 초래할 가능성을 줄이는 데에 도움이 될 수 있다. 예를 들어 스마트콘트랙트의 실행을 촉발하는 외부 데이터가 사이버 공격의 대상이 된 경우 AI가 시뮬레이션을 통해 문제가 될 결과를 초래할 외부 데이터의 입력을 차단할 수 있다. 블록체인의 맹목적 실행력이 초래할 수도 있는 잘못된 결과를 AI가 두뇌 역할을 해서 미연에 방지하는 것이다.

사이버 보안에서 두 기술의 시너지는 AI가 일방적으로 블록체인을 보호하는 형태로만 발현되지는 않는다(Kaushik & Sharma, 2024). AI 자체가 공격의 대상이 될 가능성도 AI를 이용한 사이버 보안에는 매우 중요한 과제다. AI를 공격하는 가장 유효한 수단은 학습 및 실용화 단계에서 사용되는 데이터를 오염시키는 것이다. 블록체인의 불변성은 일단 기록된 데이터가 외부의 공격에 의해 훼손될 가능성을 차단함으로써 이러한 공격에 대한 유효한 방어 수단이 된다.

AI와 블록체인의 융합을 통해 얻어지는 강력한 보안성은 다양한 활용 사례를 통해 발현되는 시너지로 내 · 외부의 공격으로부터 데이터를 보호하고 효율적이고 효과적으로 응용 시스템들을 개발할 수 있는 환경을 제공한다.

참고문헌

Kaushik, K. & Sharma, I.(2024). *Next-Generation Cybersecurity: AI, ML, and Blockchain.* Springer

Kumar, S., et al.(2023). Artificial Intelligence: Revolutionizing Cyber Security in the Digital Era. *Journal of Computers Mechanical and Management*, 2(3), 31~42 https://www.researchgate.net/publication/373712758_Artificial_Intelligence_Revolutionizing_cyber_security_in_the_Digital_Era

Ramos, S. & Ellul, J.(2024). Blockchain for Artificial Intelligence (AI): Enhancing Compliance with the EU AI Act through Distributed Ledger Technology. *International Cybersecurity Law Review.* https://link.springer.com/article/10.1365/s43439-023-00107-9

Wylde, V., et al.(2022). Cybersecurity, Data Privacy and Blockchain: A Review. *SN Computer Science.* https://link.springer.com/article/10.1007/s42979-022-01020-4

Yassine, M.(2021). *Artificial Intelligence and Blockchain for Future Cybersecurity Applications.* Springer. https://www.researchgate.net/publication/350431994_Artificial_Intelligence_and_Blockchain_for_Future_Cybersecurity_Applications

09
윤리적 고려

윤리적 AI 개발은 특히 지속적 평가와 개선에 대한 헌신을 요구한다. 개발자와 조직이 명확한 책임과 한계를 설정하고 부정적 영향을 모니터링하고 해결하기 위한 메커니즘을 구현해야 한다.

AI와 블록체인의 윤리적 함의

AI는 종종 블랙박스처럼 작동해 의사결정 과정을 이해하기 어렵다(Blackman, 2022). 이러한 불투명성은 AI가 중요한 결정을 내릴 때 신뢰를 저해하고 책임 소재를 흐리게 만든다. 특히 AI의 데이터 기반 의사결정 능력은 편향과 책임에 대해 우려할 지점이다. 편향은 대부분 AI의 훈련 과정에 사용된 데이터에서 비롯된다. 데이터가 사회적 편견을 반영하면 채용, 법률 집행, 대출 등 민감한 영역에서 차별적인 결과를 초래할 수 있다.

블록체인의 투명성은 프라이버시 및 데이터 소유권에 관련된 윤리적 문제를 제기하기도 한다. 분산된 데이터베이스에 저장된 데이터에 대한 책임 소재가 명확하지 않아 문제가 복잡해지는 경우도 있다(Finck, 2019). 개인 정보의 오용이나 '잊혀질 권리'가 무시될 가능성 등도 문제가 된다. 특히 AI의 학습을 위해 방대한 데이터를 수집, 처리 및 저장하는 과정에서 이런 문제가 더욱 심각해질 수 있다. AI에 대한 신뢰를 유지하기 위해서라도 투명성과 프라이버시의 균형을 맞추어야 한다.

AI와 블록체인 기술이 급속히 발전하면서 대부분 국가에서 기술 개발이 관련 법률 및 규제 프레임워크의 개발을 앞질렀다. 기존 제도가 신기술이 제기하는 문제를 제대로 다루지 못하는 불확실한 환경이 조성된 것이다. 의사결정의 책임, 생성된 콘텐츠의 지적재산권, 윤리적 사용과 감시 등 AI에 관련된 법률적 불확실성을 시급히 해소해야 한다. 블록체인도 관할권, 데이터 보호, 자금세탁 및 사기 등 불법 활동 방지 등에 관련된 규제의 불확실성을 해결해야 한다(Bhumichai, et al., 2024).

AI와 블록체인을 둘러싼 윤리, 법률, 규제 측면의 고려 사항은 다면적이고 복잡하다. 특히 신기술의 책임감 있고 공정한 개발 및 활용을 위해 중요한 윤리적 과제들을 먼저 해결해야 한다. 다양한 과제를 해결하기 위해서는 기술 전문가와 윤리학자 및 정책 입안자를 포함한 사회 전체의 협력이 필요하다. 특히 윤리적 원칙과 법률적 보호 장치에 초점을 맞춘 사회적 대화를 촉진해서 혁신에 수반되는 잠재적 위험을 완화하고 책임감 있는 기술 개발을 가속화해야 한다.

윤리적 기술 개발

AI와 블록체인 같은 강력한 기술들의 잠재적 위험을 최소화하고 책임감 있는 사용 환경을 구축해 사회 구성원들이 공유할 수 있는 이익을 창출하도록 유도할 필요가 있다. 설계, 개발 및 배포 과정에 참여하는 개발자들이 기술 혁신을 통해 사회적 과제를 해결한다는 사명감과 윤리적 자세를 가지고 노력하는 것이 중요하다(Ambolis, 2023).

AI의 윤리적 개발에서 가장 중요한 과제는 설계 과정에서부터 편향과 차별을 피하도록 의식적인 노력을 기울이는 것이다. 다양한 집단을 아우르는 데이터를 사용해 전체의 대표성을 가진 결과를 도출하도록 AI 알고리즘을 훈련시켜야 한다. 편향과 차별이 특정 개인이나 집단에 해를 끼칠 가능성을 최소화하려면 개발과정의 투명성과 공정성을 보장하는 것이 중요하다. 개발자들이 보다 적극적으로 편향과 차별을 감지하고 이를 완화하는 방법론을 개발해서 구현해야 한다.

블랙박스인 AI를 이용해 결론을 도출하는 과정을 투명하고 설명 가능하게 만들기 위한 노력이 특히 중요하다. 이용자와 이해관계자가 구체적인 AI의 의사결정 과정을 이해할 수 있게 만드는 투명성이 AI에 대한 신뢰를 구축하고 책임성을 높인다. 개발자들 스스로 AI 모델의 구축과 데이터 및 학습 과정에 대한 명확한 설명을 제공해야 한다.

민감한 개인 정보를 포함한 데이터를 필요로 하는 경우 프라이버시를 존중하고 강력한 데이터 보호 조치를 구현하며, 데이터 보호 규정을 준수하는 것이 개발의 핵심 과제가 된다. 윤리적 AI 개발은 특히 지속적인 평가와 개선에 대한 헌신을 요구한다. 개발자와 조직이 명확한 책임과 한계를 설정하고 개발된 시스템의 부정적 영향을 지속적으로 모니터링하고 이를 해결하기 위한 메커니즘을 구축해야 한다(AlgorithmWatch, 2021).

윤리적 요소는 블록체인의 개발에서도 중요한 문제다. 특히 탈중앙화를 추구할수록 투명성과 프라이버시의 균형을 맞추는 것이 중요하다. 민감한 정보의 영구 기록과 같은 불변성과 관련된 잠재적 위험을 해결하고 책임성을 높이기 위한 개발자들의 의식적인 노력이 필요하다.

블록체인은 금융 포용과 사회적 포용이 중요한 강점이다. 다양한 이용자가 접근할 수 있도록 인터페이스를 설계하고 진입 장벽을 줄여야 하지만 강력한 암호 기법과 정기적 보안 감사 등을 통해 취약성을 최소화 하는 것이 윤리적 측면에서 중요하다. 안전하고 회복력이 있는 시스템이 아니면 이용자의 신뢰를 유지하기 어렵기 때문이다.

AI와 블록체인을 융합하는 것은 다면적이고 복잡한 과제다. 블록체인은 데이터의 안전성을 보장하지만 AI

를 위해 방대한 데이터를 관리하는 과정에서 프라이버시를 침해할 위험이 커질 수 있다. 블록체인의 투명성과 불변성이 AI와의 융합으로 문제를 야기하지 않도록 노력해야 한다. 블록체인의 투명성이 AI의 책임성을 향상시키고 AI의 분석 및 예측 능력이 블록체인의 투명성과 불변성이 초래할 잠재적 문제점들을 완화하는 시너지를 추구해야 한다.

블록체인이 AI의 의사결정 과정을 보다 투명하게 만들고, AI가 블록체인의 투명성과 보안성을 강화할 수 있도록 노력해야 두 기술의 윤리적 융합이 가능해진다. 이를 촉진하는 규제 및 법률 프레임워크의 개발이 필요하다. 개발 과정에서 윤리적 고려사항과 모든 이해관계자의 이익 보호를 우선시하는 명시적인 노력을 촉구해야 한다. 정책 입안자들과 다양한 이해관계자가 협력해 포괄적이고 강력한 규제의 지침과 정책을 만들고 일관된 표준과 모범 사례를 확립해야 한다. 국제 협력을 통해 규제차익거래(regulatory arbitrage)를 방지하고 규제의 접근 방식을 조화시키는 것도 중요하다.

주요 사례

설명 가능한 AI(XAI, explainable AI)는 AI 시스템을 보

다 투명하고 이해하기 쉽게 만드는 기술이다. 머신러닝 알고리즘으로 생성된 결과와 출력을 이해하고 신뢰할 수 있게 지원하는 프로세스와 방법을 제공해서 AI 모델의 정확성, 공정성, 투명성 및 결과를 특성화한다.

IBM의 XAI는 의사결정 과정을 명확히 설명해서 블랙박스 문제를 해결하는 데 초점을 맞춘다(Sun, et al., 2022). 모델의 결론과 잠재적 편향성을 설명해서 신뢰를 구축하는 데 도움을 준다. AI의 투명성과 책임성을 높이고, 모델의 성능을 지속적으로 모니터링하고 관리할 수 있게 만들어 윤리적 AI 개발을 촉진하고 공정성과 신뢰성을 보장한다.

의료, 금융, 법률 등 다양한 분야에서 사용되는 IBM의 왓슨은 의사결정 과정을 설명할 수 있도록 설계되었다. 결정의 영향을 받는 사람들이 모델이 예상대로 작동하고 규제 표준을 충족하는지 확인하며, 결과에 이의를 제기하거나 변경할 수 있다.

구글의 딥마인드는 망막 스캔(retinal scan)을 분석해 당뇨병성 망막병증 및 노인성 황반변성 등을 높은 정확도로 식별하는 알고리즘을 개발했다. 이 시스템은 의료 전문가들이 AI의 제안을 이해하고 신뢰할 수 있도록 설명 가능성과 투명성을 강조한다(Yim, et al., 2020). 딥마인드가 무어필드안과병원(Moorfields Eye Hospital)과 협력해 고해상도의 3D 망막 스캔 데이터로 훈련시킨 알고리즘은 안구 질환의 진행을 예측하는 데 전문가를 능가하는 성능을 보였다.

구글헬스(Google Health)는 당뇨병성 망막병증을 감지하는 AI 기반 애플리케이션 아르다(ARDA, Automated Retinal Disease Assessment) 시스템을 개발했다. 이 시스템은 인도와 EU에서 사용되고 있으며, 미국과 태국에서도 임상 연구를 진행 중이다(GoogleHealth, 2004).

유엔(UN)의 윤리적 AI 이니셔티브는 빈곤, 건강, 교육 등 글로벌 과제를 해결하는 데 AI를 활용하기 위해 노력 중이다(ITUPublications, 2023). 에이아이포굿(AI for Good)은 긍정적인 사회적 영향을 보장하는 윤리적 AI 개발의 중요성을 강조한다. 현재 40개 이상의 기관이 협력해 AI를 활용한 다양한 프로젝트를 진행하고 지속 가능한 개발 목표(SDGs, sustainable development goals)를 달성하는 데 기여하고 있다.

참고문헌

AlgorithmWatch(2021). AI Ethics Guidelines Global Inventory. https://algorithmwatch.org/en/ai-ethics-guidelines-global

-inventory/

Ambolis, D.(2023). Top 10 Ethical Considerations In AI And Blockchain Development. Blockchain Magazine. https://blockchainmagazine.net/top-10-ethical-considerations-in-ai-and-blockchain-development/

Bhumichai, D., et al.(2024). The Convergence of Artificial Intelligence and Blockchain: The State of Play and the Road Ahead. *Information*, 15(5), 268, https://doi.org/10.3390/info15050268

Blackman, R.(2022). Why Blockchain's Ethical Stakes Are So High. Harvard Business Review. https://hbr.org/2022/05/why-blockchains-ethical-stakes-are-so-high#:~:text=This%20article%20looks%20at%20four%20risks%20%E2%80%94%20the,blockchain%20developers%20and%20users%20can%20mitigate%20potential%20harm.

Finck, M(2019). *Blockchain and the General Data Protection Regulation*. STOA, Panel for the Future of Science and Technology. https://www.europarl.europa.eu/RegData/etudes/STUD/2019/634445/EPRS_STU(2019)634445_EN.pdf

GoogleHealth(2004). Using AI to prevent blindness. https://health.google/caregivers/arda/

ITUPublications(2023). *United Nations Activities on Artificial Intelligence (AI)*. International Telecommunication Union. https://www.itu.int/dms_pub/itu-s/opb/gen/S-GEN-UNACT-2023-PDF-E.pdf

Sun, J., et al.(2022). Investigating Explainability of Generative AI for Code through Scenario-based Design.

https://dl.acm.org/doi/pdf/10.1145/3490099.3511119
Yim, J.(2020). Using AI to predict retinal disease progression. https://deepmind.google/discover/blog/using-ai-to-predict-retinal-disease-progression/

10
혁신과 미래

AI와 블록체인의 교차점은 혁신의 비옥한 토양으로, IBM이나 구글 같은 대규모 기업들이 주도하는 프로젝트들 이외에도 다양한 스타트업들이 창의성과 도전 정신을 기반으로 혁신과 가능성의 경계를 넓히고 있다.

신기술과 혁신

AI와 블록체인의 융합은 이미 다양한 산업에서 기술 진화의 필수 요소로 자리 잡았다. 전례 없는 혁신과 변혁의 시대를 예고한 두 기술은 기능적으로 크게 다르지만 서로의 약점을 보완하고 강점을 더욱 효과적으로 부각시킨다(Pujahnp, 2023). AI는 블록체인에 저장된 방대한 데이터의 무결성과 신뢰성에 큰 도움을 받는 한편 투명성 및 불변성 같은 블록체인의 특성을 최적화하고 그 효용성을 향상시키는 데에 기여할 수 있다.

AI가 직접 스마트콘트랙트를 통제하면 엄청난 혁신이 가능해진다. AI가 스마트콘트랙트를 이용해서 상황 적응적인 복잡한 거래들도 원활히 자동화할 수 있다. AI가 실시간 데이터를 분석해 스마트콘트랙트의 실행을 촉발하면 시장 상황 등의 변화에 효율적이고 효과적으로 대응할 수 있다.

두 기술의 융합은 서로가 상대방 기술의 혁신을 지원하는 동력을 제공한다. 각 산업 부문에서의 두 기술의 융합이 아직은 초기 단계에 불과하지만 머지않은 미래에 지금까지와는 비교가 되지 않을 정도로 빠른 속도의 혁신을 촉발할 것으로 기대된다. 수많은 연구자들이 기술의 발전과 상승작용을 통해 더 큰 혁신을 가져오는 선순환을 위해 노력하고 있다.

금융, 의료 및 헬스 케어, 공급망 관리 등은 두 기술의 융합이 가장 큰 진전을 보이고 있는 산업들이다. 블록체인 기반의 DeFi가 시장 및 투자 분석, 대출, 차입 및 거래 프로세스의 최적화 등에 AI를 활용하는 사례가 급속히 확산되고 있다. 두 기술의 융합은 의료 및 헬스 케어 분야에서 진단 및 예측 기술의 향상과 맞춤형 의료 등 괄목할 성과를 거두고 있다(Kasyapa & Vanmathi, 2024). 공급망 관리에서도 물류의 효율성을 개선하고 식품 및 의약품의 안전한 유통을 보장하는 데에 두 기술의 융합이 상당한 기여를 하고 있다.

아직까지 이들 기술의 활용이 제한적 범위에 머물러 있거나 실험의 단계를 벗어나지 못한 산업의 경우에도 미래의 혁신에 대한 기대는 매우 크다(Ramos, 2023). AI가 수요를 예측해 최적의 에너지 분배 계획을 수립해 효율을 높이고 블록체인이 거래 기록을 관리해 신뢰성을 높이는 스마트그리드(smart grid)가 좋은 예다. 많은 전문가는 스마트그리드가 에너지 산업의 미래를 주도할 것으로 기대한다.

엔터테인먼트 산업에서도 AI와 블록체인의 융합은 새로운 미래의 가능성을 열고 있다. 콘텐츠의 저작권 보호와 투명한 수익 분배를 위해 블록체인을 이용하는 것은 이미 실용화 단계에 들어섰다. 현재는 AI가 고객 선호도를 분석해서 맞춤형 콘텐츠를 제공하는 시스템들이 속속 개발되고 있다. AI가 시청 기록을 분석해 고객별 맞춤 컨텐츠를 추천하고, 블록체인이 고객과 콘텐츠 제작자를 직접 연결해 투명하고 공정한 보상 및 가격 책정을 통해 시장의 효율성을 개선하는 것은 더 이상 먼 미래의 일이 아니다.

스마트 시티의 발전에도 AI와 블록체인의 융합은 핵심 동력이다. 교통, 에너지, 공공 안전 등의 데이터를 블록체인이 관리하고 AI가 이를 기반으로 도시 기능의 효율성을 개선한다. CCTV와 IoT 기기 등을 통해 실시간으로 입력되는 교통 흐름을 블록체인에 기록하고 AI가 이를 기반으로 교통 흐름의 전반적 환경을 분석해서 최적의 경로를 제안할 수 있다. 블록체인에 부동산 거래의 모든 단계를 투명하게 기록해 사기와 중복 거래를 방지하고 AI가 부동산 시장동향을 분석해서 공정한 가격 책정을 보조할 수도 있다. AI가 통제하는 스마트콘트랙트 기반의 자동화는 도시의 효율과 효과를 크게 향상시킬 수도 있다.

창의성과 도전 정신

AI와 블록체인의 융합은 아직 초기 단계에 있지만 미래의 인간 사회에 미칠 잠재적 영향력은 엄청나다. 지속적인 기술 발전에 따라 다양한 산업 부문에서 아직까지 해결되지 않은 복잡한 문제들을 해결하는 보다 혁신적인 응용 프로그램들이 빠른 속도로 개발될 것이다. 혁신의 잠재력을 이해하려면 기술 자체 뿐 아니라 최첨단 프로젝트들을 주도한 혁신가들의 비전을 공유하는 것도 중요하다. 수많은 AI와 블록체인의 융합 프로젝트들이 혁신의 잠재력과 보다 안전하고 효율적이며 공정한 디지털 환경의 구축에 대한 비전을 제시한다. 이들을 통해 AI와 블록체인의 융합이 인간의 미래를 어떻게 변화시킬 것인지에 대한 통찰을 얻을 수 있다.

특히 AI와 블록체인의 교차점은 혁신의 비옥한 토양으로, IBM이나 구글 같은 대규모 기업들이 주도하는 프로젝트들 이외에도 다양한 스타트업들이 창의성과 도전 정신을 기반으로 혁신과 가능성의 경계를 넓히고 있다.

싱귤래러티넷(SingularityNET)은 AI 기술의 생성, 공유 및 수익화를 지원하는 탈중앙화 플랫폼이다(Sazan, 2024). 누구나 AI 기술을 쉽게 이용하고 발전시킬 수 있는 환경을 제공하는 마켓플레이스(marketplace)로서 블록체인을 활용해 AI가 더 빠르게 진화할 수 있는 협력 생태계를 조성한다. AI 개발자들이 협력하고 작업을 아웃소싱하며 네트워크를 발전시키는 자율적인 AI 플랫폼을 구축해 혁신과 협력을 촉진하는 것이 주된 목적이다. AI 개발자들이 이 플랫폼에 자신들의 AI 도구를 게시하면 이용자들이 이를 탐색, 테스트 및 구매할 수 있다. 모든 거래는 플랫폼의 내생 토큰(native token)인 AGIX를 통해 이루어진다.

페치에이아이(Fetch.AI)는 다양한 작업을 수행할 수 있는 AI 에이전트(agent)를 생성하는 탈중앙화 네트워크이다. 내생토큰인 FET를 사용하는 블록체인과 AI를 결합해 실시간 데이터와 변화하는 조건에 적응할 수 있는 안전하고 효율적이며 확장 가능한 솔루션을 제공한다. 자율 에이전트는 스마트그리드의 실시간 데이터를 분석해 에너지 사용을 최적화하거나 물류와 재고 관리를 자동화해 공급망 관리의 효율성을 높이고 스마트 시티의 교통 관리와 공공 서비스 제공 등을 자동화할 수 있다. 페치에이아이는 다양한 산업에서 기업들의 응용프로그램 개발을 지원해서 변화하는 환경에 원활하게 적응할 수 있는 유연성을 제공한다.

오션프로토콜(Ocean Protocol)은 데이터 프라이버시와 보안을 보장하는 탈중앙화 데이터 교환 프로토콜이다. 데이터 액세스(data access)를 민주화함으로써 AI 개발에서 소규모 기업도 대기업과 경쟁할 수 있게 만든다. 누구나 내생 토큰인 OCEAN을 사용해 AI 개발에 관련된 데이터를 소유자 권리를 침해하지 않고 접근 및 활용할 수 있다.

싱귤래러티넷, 페치에이아이, 오션프로토콜이 통합한 ASA(Artificial Superintelligence Alliance)가 2024년 7월 출범하면서 AI 연구 및 개발을 위한 최대의 오픈소스 독립 플랫폼이 탄생했다. 3자 연합에 따라 각 프로토콜이 사용하던 토큰도 ASI로 통합하기로 결정했다(COINTURK NEWS, 2024).

사회적 가치 창출

AI와 블록체인은 독자적으로 또는 융합의 상승작용을 통해 다양한 산업에서 지속적으로 혁신을 견인할 것이다. 두 기술의 융합이 사회의 각 부문에 미치는 영향은 다면적이며 잠재적 이익과 위험을 모두 포함한다. 기술 자체에 내재된 프라이버시, 편향성, 몰가치성 같은 다양한 과제들을 해결하고 윤리적 기술 개발에 초점을 맞추어 적절한 정책과 안전 장치를 구현하는 것이 중요하다.

한 걸음 더 나아가 AI와 블록체인의 기술적 특성을 적극적으로 활용해서 불평등 감소 및 환경 보호 등 사회적 가치 창출을 지원함으로써 보다 공정하고 지속 가능한 미래를 만드는 데에 기여하려는 의식적인 노력이 필요하다(Abdollahi, et al., 2023).

AI와 블록체인의 융합은 금융, 의료, 교육 및 기타 필수 서비스 개선을 목표로 하는 이니셔티브 등 다양한 사회적 선(social good)을 지원하는 데 크게 기여할 수 있다. 계층 간 및 국가 간의 경제적 격차를 줄이는 데 도움을 주거나 자원의 사용을 최적화하고 낭비를 줄여 환경의 지속 가능성을 개선하는 것은 커다란 사회적 가치를 창출한다.

AI와 블록체인의 융합이 금융 서비스에 대한 접근을 민주화해 금융 소외에 따른 불평등을 줄이는 것이 좋은 예다. AI 알고리즘이 기후 패턴을 식별하고 환경 변화를 예측해 자연 자원의 효율적 관리를 촉진하고, 블록체인이 공급망의 투명성과 추적 가능성을 활용해 산업의 탄소 발자국을 줄여 보다 지속 가능한 에너지 소비 관행을 채택하도록 만들 수도 있다.

AI가 글로벌 데이터를 분석해 인도적 지원이 시급히 필요한 지역을 식별하고 블록체인이 투명하고 효율적으로 지원을 분배하도록 보장할 수 있다. 기술 혁신에 따른 인력의 대체 문제를 완화하기 위해 블록체인이 개인별로 기술과 자격의 투명한 기록을 제공하고 근로자가 자신의 능력을 입증하고 새로운 고용 기회를 찾을 수 있도록 AI가 도울 수도 있다.

참고문헌

Abdollahi, A., Sadeghvaziri, F., & Rejeb, A.(2023). Exploring the role of blockchain technology in value creation: a multiple case study approach. *Quality & Quantity*, 57, 427~451. https://doi.org/10.1007/s11135-022-01348-2

COINTURK NEWS(2024). Artificial Superintelligence Alliance Merges Major AI Players. https://en.coin-turk.com/artificial-superintelligence-alliance-merges-major-ai-players/

Kasyapa, M. S. B. & Vanmathi, C.(2024). Blockchain integration in healthcare: a comprehensive investigation of use cases, performance issues, and mitigation strategies. *Digital Health*. https://www.frontiersin.org/journals/digital-health/articles/10.3389/fdgth.2024.1359858/full

Pujahnp(2023). Integration of Blockchain and AI. GeeksforGeeks. https://www.geeksforgeeks.org/integration-of-blockchain-and-ai/

Ramos, M. A.(2023). Blockchain And AI Can Change Businesses In The Future. Forbes. https://www.forbes.com/sites/forbesbusinesscouncil/2023/

06/30/how-blockchain-and-ai-can-change-businesses-in-the-future/

Sazan, P.(2024). What is SingularityNET(AGIX) and how does it work?. https://atomicwallet.io/academy/articles/what-is-singularitynet-agix

이건호

국민은행장을 역임했다. 현재는 금융혁신연구회 대표이자 KDI국제정책대학원 초빙교수다. 서울대학교 경영대학과 동 대학원 경영학과를 졸업하고 미국 미네소타대학교에서 금융(Finance) 전공으로 경영학 박사 학위를 받았다. 한국금융연구원 은행팀장, 연구위원장 등을 역임했다. 다수의 은행 컨설팅과 정부 금융 정책 자문에 참여했고, 외환위기시 금융감독위원회 구조개혁기획단의 어드바이저로 근무했다. 조흥은행 및 국민은행의 리스크관리 부행장과 KDI국제정책대학원 MBA 과정 및 자산관리석사과정 주임교수를 역임했다. 재정경제부, 금융위원회, 금융감독원 등의 금융규제·감독 개선 TF, 금융발전심의회, 상호저축은행 경영평가위원회에 참여했고 우체국금융, 한국자산관리공사, 상호저축은행중앙회, 행정공제회, 고용보험기금, 전국새마을금고연합회 등의 비상근 리스크관리위원으로 활동했다. 저서로 『블록체인과 국가』(2023),『토큰증권』(2023),『탈중앙화와 크립토 시스템』(2022),『코인의 과거, 현재, 미래』(2022),『비트코인의 방법』(2021),『이건호의 뱅크엑스』(2017),『위험관리론』(1999),『ALM I』(공저, 1997),『ALM II』(공저, 1997)가 있다. 그 외 다수의 학술 논문과 연구 보고서들을 발표했다.